Producción gráfica: SERGRAPH, S.L.
ISBN: 84-96492-00-1
Depósito legal: M.22798-2005

Kyusho-Jitsu

Los Puntos Vitales
del cuerpo humano en las Artes Marciales

Evan Pantazi

Reconocimientos

Estos objetivos y métodos no especulan, como muchos de los textos acerca de esta materia, sino que son un proyecto de investigación experimental al que he dedicado mi carrera y el trabajo de mi vida. En cuanto a la escritura de este texto, he tenido la fortuna de entrenar, enseñar y – más importante aún – utilizar estos puntos en 15 países de todo el mundo. Esto significa que he trabajado con personas de todos los tamaños, tipos, etnias y procedencias y hasta con distintos niveles de escepticismo, empleando literalmente estos puntos de la manera descrita sobre muchos miles de personas en un momento u otro y en un primer encuentro, sin conocerlas de nada.

Asimismo tengo la fortuna de haber utilizado los objetivos descritos en situaciones de verdadera necesidad y bajo la presión de enfrentamientos reales, como muchos amigos y asociados en momentos de necesidad y estrés, en diversas circunstancias y con múltiples aplicaciones, desde sanatorias hasta por pura necesidad defensiva.

Existen miles de personas con quienes estoy en deuda por su información, entrenamiento y perseverancia en esta investigación y en su aplicación práctica. En primer lugar, mi compañera en la vida y esposa, la fuente de toda mi inspiración. Su paciencia y comprensión, apoyándome en mis días de 14 horas de entrenamiento implacable, enseñanza y durante las largas ausencias por mis viajes a tierras lejanas, son genuinas e inquebrantables..., gracias Suzanne.

También doy las gracias a mis asociados, especialmente a mi mentor, Jim Corn, a Mark Kline y Gary Rooks por su sincera amistad, profunda capacidad, comprensión y voluntad para entrar en el tatami y transmitir sus conocimientos. También a Alfredo Tucci, por su incansable dedicación a la unión del conocimiento y de los artistas marciales de todos los países y tradiciones.

Mi humilde agradecimiento,
Evan Pantazi

PROLOGO

El Kyusho-Jitsu vive días de generoso renacer. El artífice de este redescubrimiento y enorme éxito es el Maestro Evan Pantazi. Sus series de seminarios, su metodología y, sin duda, sus vídeos y DVD están facilitando una expansión antes impensable del estudio de este apartado de las Artes Marciales, que si bien existe como base y sustrato común de la mayoría de los estilos, ha sido frecuentemente olvidado o pospuesto en virtud de formulaciones menos sutiles a la hora de considerar el encuentro en combate con un adversario.

Es verdad que algunos han esperado que el Kyusho fuera una especie de panacea que les relegara de cualquier otro entrenamiento, otros simplemente lo han rechazado sin conocerlo. Como siempre la verdad es más moderada que sus predicadores.

El Kyusho, tal y como lo enseña Evan Pantazi, es un maravilloso complemento de cualquier estilo marcial. Nos permite conocer mucho más nuestro cuerpo y en consecuencia el de los demás; nos permite optimizar nuestras armas tanto en la defensa como en el ataque; experimentar con los conocimientos de la tradición; innovar y conocer posibilidades inéditas del Arte Marcial, enseñándonos a sostener, de forma sutil, fórmulas más eficientes en la aplicación de las técnicas marciales, concentrando nuestros ataques y defensas en áreas específicas del cuerpo donde sabemos (¡ojo, con datos científicos!), que hay acumulaciones de energía o centros de difusión de la misma, o si lo prefieren... centros nerviosos, musculares, tendinosos y venosos, que por su situación y características nos permiten acceder y provocar en el interior del organismo efectos muy superiores a los que habitualmente podríamos esperar de un ataque similar en fuerza en una zona distinta.

Hemos recopilado en este libro la información que el Maestro Pantazi ha ido desgranando mes a mes en la revista Cinturón Negro, incluyendo las introducciones que yo mismo he escrito para presentar sus trabajos. De esta manera los estudiosos en la materia, cada día más, tendrán acceso ordenado y completo a todo este interesantísimo material revisado y enriquecido.

Alfredo Tucci,
Director Gerente de Cinturón Negro
Budo International Publishing Co.

Kyusho-Jitsu

Presentaciones

En primer lugar, permitidme decir que no siempre he sido un fan del Kyusho. Mucho de lo que en el pasado se ha dado a conocer como ejercicios de tipo Kyusho me parecía poco honesto y con frecuencia confuso. En mis casi cincuenta años dedicados a la enseñanza de las Artes Marciales he visto muchos "trucos" –y hasta "magia"- transmitidos como si fueran habilidades para la lucha. La mayoría eran simplemente trucos de circo para llamar la atención del público. En la China antigua este tipo de demostraciones se realizaba en las esquinas de las calles acompañadas de un elocuente discurso para vender al público medicinas como "el aceite de serpiente" que decían curarlo todo, desde uñeros hasta el cáncer.

Cuando el señor Pantazi me pidió que leyera su manuscrito de Kyusho-Jitsu y escribiera mis impresiones acerca de él, sabía que mi crítica podría no ser favorable. Sin embargo, la lectura de su libro resultó un placer inesperado ya que la información que contenían sus páginas resultó ser un conocimiento de las Artes Marciales sumamente importante y nuevo, presentado de un modo conciso y fácil de comprender.

Ciertamente, existen muchas variables en las situaciones de combate en la vida real y esta materia no se puede dominar leyendo un libro o visionando un vídeo. El señor Pantazi lo reconoce y señala que el libro está diseñado para informar al lector de que es posible poseer una habilidad así y que está potencialmente al alcance de una persona normal y corriente. El recomienda encarecidamente su estudio extenso con un instructor cualificado para poder dominar este Arte.

A diferencia de otros libros en materia de Defensa Personal, el señor Pantazi no abruma al lector con cientos de técnicas y ejercicios complejos. Su recomendación de centrarse en unas pocas acciones prácticas, fiables y sencillas de aprender ofrecerá al alumno que esté dispuesto a dedicar algún tiempo a la práctica de estos movimientos, un arma de Defensa Personal fiable y eficaz.

Asimismo me impresionó la manera en la que el señor Pantazi supo describir cómo personas como yo mismo, un artista marcial, podían incorporar el Kyusho-Jitsu a su especialidad de Karate, Ju-Jitsu, Judo, etc. Proporciona una serie de ejemplos excelentes de aplicaciones de Kyusho-Jitsu presentes en todos los estilos. Como Maestro de Uechi-Ryu inmediatamente me di cuenta de algunas aplicaciones específicas y útiles de Kyusho-Jitsu a las series de Uechi-Ryu que llevo practicando casi toda mi vida. En cierto sentido, estos usos prácticos para movimientos antes abstractos han dado más y mejor vida a mi estilo de lucha.

George E. Mattson, Hanshi, cinturón negro, 9° grado
Federación Internacional de Karate Uechi-Ryu
www.uechi-ryu.com

El Kyusho-Jitsu es uno de los secretos de las Artes Marciales. Las técnicas y los principios pueden aplicarse a muchas Artes Marciales para aumentar su eficacia. Al estudiar los principios del Kyusho-Jitsu profundizamos también en la comprensión de nuestro propio Arte. Creo que la práctica del Kyusho-Jitsu da credibilidad a algunas de las leyendas acerca de las extraordinarias proezas marciales de algunos de los antiguos Maestros de Karate. Las ideas aplicadas a la práctica del Kyusho-Jitsu pueden encontrarse también en las Artes sanatorias y espirituales tales como la Acupuntura, el Yoga y el Chi Kung. El Maestro Evan Pantazi lleva diez años siendo mi instructor de Kyusho. Es un Maestro creativo e innovador con una gran riqueza de conocimientos que compartir. Este libro será una buena adquisición para cualquier biblioteca de Artes Marciales.

Dr. Steven Downs. Judo Nidan Kodokan
Nidan Ryu-Kyu Kempo. Nidan Ketsugo Ju-Jitsu

El Kyusho-Jitsu es algo que no debería pasarse por alto en ningún Arte Marcial. Se trata de un sistema de objetivos eficaz que mejora cualquier estilo. Puede transformar el entrenamiento en un estudio de Artes Marciales, en un camino único para acceder a muchas otras facetas de un Arte Marcial. Convierte el Kata en algo vivo y fundamental para la práctica. Además, favorece un entorno seguro. El estudio del Kyusho se interesa por la anatomía del cuerpo, un estudio adicional que suele pasarse por alto. El Maestro Evan Pantazi conoce y domina una gran abundancia de técnicas de Kyusho-Jitsu y posee una gran capacidad para transmitir estas enseñanzas de la más alta calidad. Esta combinación hace de este libro sobre el Kyusho-Jitsu algo imprescindible para cualquier artista marcial serio. Este libro está escrito de modo claro, preciso y resulta muy entretenido, como lo son los seminarios del Maestro Evan Pantazi. Su experiencia en la enseñanza de los conocimientos y la práctica del Kyusho hace de este libro una referencia en la práctica de Kyusho-Jitsu.

Jim Hulse. Instructor Jefe de Kyusho International (UK)
7° Dan Renshi de Karate Uechi-Ryu

Evan y yo nos conocimos durante el estudio del Kyusho-Jitsu y los Puntos de Presión. No sólo es un verdadero artista marcial, sino también un gran amigo. Algunos tienen sueños, otros objetivos, Evan ha aunado ambos conceptos y los ha convertido en realidad. Deseaba un lugar donde los artistas marciales de cualquier estilo pudieran coincidir y disponer de un foro donde intercambiar preguntas y respuestas. En la actualidad tenemos el Foro de Kyusho International, uno de los mejores de la red. Deseaba que el Arte de Kyusho-Jitsu fuera accesible a todos aquellos que desearan aprenderlo, fueran artistas marciales o no. Los ejercicios que ha incorporado a su sistema pueden preparar a cualquier persona en las técnicas de golpeo y en la localización de los Puntos de Presión. Ha hecho posible que un artista marcial que no aplique las katas en su estilo consiga un título en el Arte del Kyusho-Jitsu. Evan ha dado mucho de sí mismo, ha dedicado mucho tiempo y estudio y ha promocionado a otros artistas marciales para hacer de su sueño una realidad. Gracias al duro trabajo realizado y a su dedicación ha tenido la oportunidad, no sólo él mismo sino también sus instructores, de enseñar en lugares donde yo nunca ni siquiera hubiera soñado asistir. No he conocido a nadie con tanta dedicación al estudio y a la evolución del Arte del Kyusho-Jitsu. El verdadero artista marcial entrena la mente, el cuerpo y el espíritu. El verdadero Maestro transmite todos estos atributos a sus alumnos. Yo considero a Pantazi las dos cosas. A lo largo de las páginas de este libro espero que podáis encontrar respuestas en vuestro viaje personal en el estudio del Kyusho-Jitsu.

Jim Corn, 8º Dan de Ryu-Kyu Kempo

Todo practicante serio de Artes Marciales sabe que existen ciertos principios que rigen las ejecuciones técnicas, tanto ofensivas como defensivas; a la Física debemos el conocimiento del principio de "la fuerza es igual a la masa por la velocidad al cuadrado" ($F = m.v^2$), es decir para incrementar la fuerza aplicada a un golpe se requiere mayor velocidad. A todo ésto hay que sumarle el hecho de que para afectar a un punto (léase daño a un tejido u órgano) debemos concentrar la fuerza utilizando la mayor parte de los músculos secuencialmente, ya que si usáramos el movimiento único del brazo sin recurrir al empuje de las piernas y la rotación de la cintura, el efecto de percusión del golpe sería mínimo. Hemos aprendido que la fuerza de reacción actúa a nuestro favor, por ejemplo al golpear al Uke con el puño, el pie atrasado del que golpea se apoya con más firmeza en el suelo y la fuerza de reacción que resulta se transmitirá primero al cuerpo, luego al brazo y posteriormente a la mano del que golpea sumando fuerza al golpe. Todo esto nos lleva a pensar que para causar daño a nuestro oponente deberíamos estar físicamente bien "dotados", es decir, tener una masa óseo-muscular importante además de unos puños con callos desarrollados a través del entrenamiento intenso y prolongado con el makiwara.

Sin embargo, existe una técnica que parece desafiar a todos estos principios por la contundencia y los efectos demoledores que ejerce, de forma que quien la aplica parece que tuviera poderes sobrenaturales sobre los demás, aún sin estar bien dotado físicamente e independientemente de su edad y sexo. Una técnica que utiliza los puntos y los principios de la Acupuntura para provocar la disfunción de órganos y/o desvanecimientos con una fuerza mínima y que puede ser aplicable a cualquiera de los estilos marciales existentes. Esta técnica, celosamente guardada por los Maestros ancestrales, los artistas marciales chinos y okinawenses, se denomina Kyusho-Jitsu y entonces sólo la transmitían a los algunos miembros de su familia o a sus alumnos más avanzados.

Se sabe por la ciencia médica, que los movimientos corporales se deben a la flexión /extensión-relajación sincrónica de los músculos agonistas y antagonistas y que éstos están animados por una red que transmite impulsos eléctricos denominados nervios periféricos y, que a su vez, están conectados a la médula y al cerebro ejerciendo un mecanismo de recepción de estímulos y transmisión de impulsos que pueden ser o no controlados. Si nosotros incidimos sobre un nervio provocaremos un estímulo que viajará hacia la médula y el cerebro y éstos responderán en forma de reacción a ese estímulo, pudiendo ser una reacción refleja, es decir, un estímulo que viaja a la médula, sin necesidad de procesar la información en el cerebro.

Las investigaciones realizadas en 1960 por el Grupo de Investigación y Enseñanza Anatómica de la Escuela de Medicina N° 1 de Shanghai, a partir de un estudio realizado en 324 Puntos de Acupuntura nos mostraron una increíble coincidencia entre estos puntos y los nervios; sabemos que los nervios pasan entre los tejidos (músculos, tendones, ligamentos, tejido celular subcutáneo, huesos) y si aprendemos la manera de acceder a ellos podremos provocar una reacción en el Uke (dolor, disfunción orgánica o alteraciones en el estado de conciencia) de la que nos beneficiaremos en nuestros movimientos defensivos.

Actualmente, el Kyusho-Jitsu ha adquirido un auge importante en América, Europa y Oceanía. El Maestro Evan Pantazi se ha tomado muy en serio la investigación, difusión y perpetuación de este Arte y a través de su recién formada Organización "Kyusho International" ha sabido dar el "toque" en la enseñanza de este Arte a través de su excelente y bien estructurado programa, que cautiva y hechiza a todo aquél que se atreve a pasar el umbral de este conocimiento que permite ir avanzando a través de distintos niveles.

Conociendo la amenidad y la sencillez con las que el Maestro Pantazi acostumbra a dar sus seminarios por todo el mundo, el lector tendrá entre sus manos una auténtica joya de la lectura, cuya redacción es simple y comprensible para cualquier persona que quiera adentrarse en el mundo fascinante y asombroso del Kyusho-Jitsu, estudiando los conceptos fundamentales para el entendimiento en la aplicación de este Arte. Un libro, sin duda, imprescindible en el archivo bibliográfico que todo artista marcial debe tener.

Dr. Sergio E. Espejo G.

El Kyusho-Jitsu ha representado una parte muy importante de mi carrera en las Artes Marciales y en mi vida.

Evan Pantazi ha sido un visionario y es un punto de referencia fundamental en las Artes Marciales en todo lo relacionado con el Kyusho. Sus palabras y sus actos han allanado el camino a muchos en la búsqueda de un mayor conocimiento acerca del funcionamiento de nuestro cuerpo. Sin duda este libro se establecerá como una importante referencia para las personas que buscan respuestas y dar un mayor sentido a su entrenamiento. A través de las páginas de este libro, la contribución y el legado de Shihan Pantazi a las Artes Marciales quedarán para siempre para las generaciones venideras. La organización que él ha creado, "Kyusho International", es un magnífico ejemplo acerca de cómo ha de darse a conocer esta información vital. Descubriréis que la información sumamente sagaz que encontraréis en este libro no sólo cambiará vuestro modo de entender las Artes Marciales, sino el cuerpo en su totalidad.

Para terminar desearía agradecer a Shihan Pantazi su amistad a lo largo de los años. Siempre ha sido un hombre de palabra y la ha respaldado con su incansable esfuerzo por extender el Arte de Kyusho-Jitsu de modo seguro y beneficioso para todos.

Mark Kline, 7° Dan de Ryu-Kyu Kempo.
1er Dan de Ju-Jitsu Small Circle,
1er Dan de Arnis Moderno y de Tang Soo Do

Kyusho-Jitsu - Puntos Vitales
El increíble Arte de los Puntos Vitales

Durante años todos hemos oído hablar de los puntos vitales. Nombres como el Dim Mak, Kyusho, Kuatsu, etc. nos suenan a todos. Su propio concepto de base, los Meridianos de Acupuntura son algo comúnmente aceptado incluso por la medicina occidental, pero hasta que no lo vi no pude creer que puede llegarse tan lejos en su aplicación. Sin embargo, el que existan Puntos Vitales e incluso que éstos puedan aprender a utilizarse de un modo efectivo me parece poca cosa comparado con las demostraciones de K.O sin contacto que hizo frente a nuestras cámaras. ¡Colocando la mano a unos 20 centímetros de la frente de su oponente este perdía los sentidos! ¡Increíble!... Desde luego hay que verlo para creerlo, por eso le pedimos que grabara con nosotros un vídeo pero no sólo demostrativo, también educativo, pues lo fantástico es que ¡estas técnicas pueden transmitirse y aprenderse!

Se que no será fácil de creer para muchos, es natural, un Arte así pone en cuestión muchas cosas, pero no debéis arredraros; acercaros a ello con la mente abierta, con la mayor de las curiosidades y con el "non credo" por delante, ¡no hay otra forma de aprender!... Pero acercaros... os sorprenderá tanto como a nosotros.

Frente a las cámaras, el Maestro Pantazi realizó tres K.O.´s sin contacto sobre diferentes personas. Hay cosas que pueden fingirse... Otras no... El cambio de color de la piel en un desmayo, la pérdida compulsiva del control motor, los ojos con esa mirada "vacía" de la persona inconsciente... Todo ello lo podréis ver detalladamente sin

---

NOTA:

En los gráficos e ilustraciones, la designación de los puntos de los distintos Meridianos figura con el acrónimo de la nomenclatura inglesa. En el texto dichas designaciones se han traducido, manteniendo el acrónimo entre paréntesis para facilitar su localización en las ilustraciones.
Meridiano del Pulmón: designado como L (Lung en inglés).
Meridiano del Corazón: H (Heart).
Meridiano de Pericardio: P (Pericardium).
Meridiano del Bazo: SP (Spleen).
Meridiano del Hígado: LV (Liver).
Meridiano del Intestino Grueso: LI (Large Intestine).
Meridiano del Intestino Delgado: SI (Small Intestine).
Meridiano del Triple Calentador: TW (Triple Warmer).
Meridiano del Estómago: ST (Stomach).
Meridiano de la Vesícula Biliar: GB (Gall Bladder en inglés)
Meridiano de la Vejiga Urinaria: BL (Bladder).
Meridiano del Vaso Concepción: CV (Conception Vessel).

truco ni cartón en vuestro televisor de casa y repetirlo las veces que sean necesarias. El Maestro dedica gran parte de su trabajo a las técnicas de reanimación pues es esencial dominarlas perfectamente para el buen uso de este Arte. Explica detalladamente cada punto, la forma correcta de acceder a él y el modo en que debe ser percutido o presionado, sus efectos en la anatomía energética y en la biología del oponente, etc.

Evan es una persona seria, tranquila y serena, de fácil trato y gran accesibilidad. Extremadamente educado y necesariamente muy organizado, tiene un planning tremendo de trabajo. Da clases a través de un web site y viaja constantemente. Evan ha tenido la virtud de presentar con sencillez y claridad, más allá de cualquier mística, abstracción, o egomanía, un Arte que ha de resultar sin duda la revelación del año para muchos, muchísimos estudiantes de la tradición marcial y la autodefensa.

¡Amigos lectores, esto es para no perdérselo!, así pues abran las mentes, miren con detalle, y prueben, negarlo si no se puede ver vale… pero ahora ya no hay excusa, ahí queda este vídeo, el primero de una serie que esperamos os apasione como lo ha hecho con todo el equipo de Budo International.

Alfredo Tucci

¿Qué es el Kyusho?

En esta presentación del Kyusho-Jitsu haremos una reflexión general sobre la teoría básica y su aplicación a modo de introducción de este Arte, una disciplina que no es nueva, sino que ha resurgido y está prosperando en todo el mundo. Evan Pantazi, ha viajado por todo el mundo enseñando este Arte y dilucidando la misteriosa nebulosa que le envuelve.

El término "Puntos de Presión" se difunde cada vez más y no sólo en las Artes Marciales sino como una frase acuñada en cientos de anuncios, e incluso en los departamentos de ventas de colchones.

Numerosos instructores carentes de habilidad se promocionan y autoproclaman conocedores de los Puntos de Presión. En cualquier revista puede leerse que ciertos instructores los practican y no lo dudo, pero seguramente lo que conocen es el Kyusho-Jitsu.

El Kyusho está lejos de presionar ciertos puntos, más bien se trata de un sistema para debilitar sistemáticamente al adversario a través de las estructuras anatómicas más débiles del cuerpo, lo que puede llegar a entenderse como un simple tópico en un acalorado debate. Sin embargo, los artistas marciales cada vez más se convencen de su Autenticidad, su Valor y su Potencial.

A lo largo de estas líneas vamos a dar respuesta a algunas de las cuestiones más frecuentemente planteadas en los seminarios, o por nuevos practicantes, o bien por personas interesadas en este Arte.

Kyusho se traduce literalmente como *Primer Segundo,* lo que significa que ya en el primer segundo del conflicto, el control está en manos del practicante. Para ello, se emplean las estructuras anatómicas más débiles causando disfunciones en el cuerpo humano. No se trata de golpear al adversario, sino más bien de anular al agresor sin causarle ningún tipo de lesión física.

¿Es peligroso?

Realmente puede serlo y de hecho su concepción original es que lo fuera. Sin embargo, puede moldearse para responder al cumplimiento de los parámetros legales actuales y desde luego es mucho más seguro que los métodos convencionales. Lo que resulta peligroso es el hecho de enseñar como provocar lesiones físicas sin transgredir el marco legal establecido. Por ejemplo, si atacas a alguien a los ojos, provocarás una desfiguración física permanente y apreciable. Y esto no sólo no es ético, sino que ante un Tribunal la responsabilidad derivada es doble, responder de tus propios actos, así como de las lesiones provocadas.

La correcta aplicación del Kyusho impide la observación de ninguna lesión física externa, por lo que la única prueba posible se basa en la conjetura y la especulación, al no existir ningún precedente judicial. Por tanto, legalmente ante un Tribunal resulta muy difícil de probar, lo cual es un argumento más para su aplicación a la defensa.

¿Funcionará en una situación real?

No sólo funciona, sino que se ha empleado durante siglos. No estamos ante un ARTE NUEVO, sino que ha resurgido tras mucho secretismo y una campaña errónea en un claro intento de extinguirlo. Mientras que la mayoría de los métodos de Defensa Personal se apoyan en la velocidad y en la fuerza -cualidades que disminuyen con la edad-, el Kyusho se sustenta en un cambio del enfoque y en el ritmo –timing, cualidades que la edad mejora-.

No hablamos de un Arte Marcial *per se,* sino más bien de una serie de áreas anatómicas debilitadas que cualquiera, al margen del estilo practicado –e incluso sin ningún tipo de entrenamiento en Artes Marciales-, permite una aplicación rápida y eficaz.

¡El Kyusho os proporcionará un método para haceros efectivos y seguros!

¿Cómo funciona?

Si te estás iniciando, o bien estás luchando por abrirte camino en el aprendizaje del Kyusho, debes estudiar profundamente tres áreas esenciales:

• **Relajación:** la fuerza de pegada necesaria no debe superar a la de un niño de 7 años. De forma que los potentes golpes ejecutados por un principiante no desarrollarán la energía adecuada.

• **Ángulo y dirección:** muchos principiantes tienen dificultad para entender el ángulo correcto para impulsar adecuadamente la energía. Una pegada demasiado lateral o fallar el blanco parecen ser los errores más comunes del principiante.

• **Objetivo:** éste es el principio fundamental de los estudios avanzados del Kyusho. Es posible obtener nuevos niveles de habilidad asimilando este concepto clave.

¿Cuántos principiantes golpean sin creer en lo que hacen? Piensan: "¿Funcionará realmente?" o "espero que esto funcione", en lugar de sentir y visualizar la derrota del adversario.

Relajación, ángulo y dirección y objetivo son tres elementos imprescindibles para que el Kyusho funcione. Centraros en cada punto y ser constante hasta que asimiléis paulatinamente estos conceptos para que podáis desarrollarlos en la práctica.

El proceso exige dominar el primero para pasar al siguiente.

No olvidéis que precisamente la mayoría de los que deciden (tras un breve estudio del Kyusho) que este Arte no funciona, realmente no han captado la importancia de estos conceptos.

Reanimación y recuperación energética

El punto de partida del estudio del Kyusho se centra en un aspecto fundamental: la reanimación y la recuperación energética.

Curar es uno de aspectos más importantes del estudio del Kyusho. Con demasiada frecuencia los artistas marciales incidimos demasiado en el Yang o en aquellos aspectos que provocan lesiones en lugar de desarrollar todos aquellos conceptos que definen el Budo. En contadas ocasiones, nos encontramos en situaciones de amenaza vital, sin embargo siempre luchamos contra la propia naturaleza: el proceso natural de envejecimiento, el riesgo constante de enfermedad y la degeneración corporal son nuestros verdaderos enemigos. En estos tiempos que nos ha tocado vivir son la amenaza principal de nuestro ciclo vital, pero además existen tantas otras… Aprender a aliviar y remediar a la Familia, a los Amigos y a los Alumnos es un esfuerzo importante intrínseco al verdadero espíritu del Budo. En cualquier caso, lo más destacable es que el estudio de estos procesos curativos conlleva una verdadera comprensión de la anatomía, de la energía y de la debilidad que, por otra parte, resultan tremendamente útiles para el sentido de autoprotección desarrollado en este Arte. Los Puntos del Kyusho estimulados de una forma determinada pueden emplearse para curar y aumentar el flujo energético o por el contrario -invirtiendo su aplicación- pueden causar disfunciones anatómicas.

El camino hacia una aplicación más avanzada y seria pasa por la necesidad de comprender tres tipos de reanimación. Asimilar su aplicación por parte del principiante no sólo es imprescindible, sino además es la fase previa al inicio de cualquier otro estudio. Estos tres tipos fundamentales son los siguientes:

• **Reanimación del pulmón:** con ella logramos la recuperación de la energía en un único punto… De hecho, la base de todos los estudios del Kyusho consiste en detener, iniciar, estimular o invertir la dirección del flujo del sistema energético corporal. Además permite transferir correctamente la energía hacia un puño cerrado, con el ángulo y la dirección correcta, así como con la potencia adecuada. Puede estimular el diafragma para restaurar la energía perdida o por el contrario puede eliminar el exceso de energía, recuperando la calma tras acciones sofocantes. Esto está ligado al estudio del Kyusho avanzado a través de una visión del sistema periférico avanzado.

• **Reanimación de la cabeza:** ésta exige un análisis más profundo acerca del flujo energético relativo al cuerpo en su totalidad. Siguiendo los principios del Yin y del Yang facilita una transferencia energética correcta hacia la mano abierta, así como la actuación sobre el sistema nervioso central.

• **Reanimación del corazón:** se ha aplicado con éxito en numerosas ocasiones para reanimar a víctimas de un ataque al corazón. Y esto revelará el uso de la torsión en la transferencia energética para empezar a desbloquear los métodos para actuar energéticamente en los órganos internos.

Métodos de ataque

Los Puntos de Presión corporales son las zonas más fáciles para manipular los sistemas energéticos del cuerpo. Existen tres métodos de ataque fundamentales:

• **Golpes:** éstos deben ejecutarse de forma penetrante y no superficialmente. Además deben penetrar en el ángulo y la dirección correcta, avanzando a lo largo del camino energético y no con un ángulo que lo intercepte (a menos que vuestra meta sea detener el flujo de energía, en cuyo caso, la ejecución de los golpes debe perseguir ese objetivo).

• **Los agarres:** deben realizarse en puntos determinados para aumentar la eficacia, el dolor y el factor de sumisión.

La ubicación de estos puntos, situados entre los músculos, los huesos, los ligamentos y los tendones favorecen un agarre más seguro. Por ejemplo, para agarrar el antebrazo de alguien resultará mucho más seguro introducir los dedos entre las estructuras citadas anteriormente, imposibilitando que el agarre resbale.

• **Los patadas:** se ejecutarán siguiendo las pautas indicadas para los golpes, teniendo en cuenta la diferencia existente entre las estructuras anatómicas. En este caso nos centraremos en las piernas del adversario.

En cualquiera de los métodos es necesario que sintáis fluir la energía de vuestras armas desde el interior del adversario hacia vuestro propio núcleo -Dan Tien, HARA-, desde el suelo, desde la atmósfera o según la combinación de estos tres campos de energía.

Y además...

Para ser exactos no debemos pasar por alto un aspecto que, aunque no se considera característico de las Artes Marciales *per se,* resulta imperativo al hacer un estudio completo de la naturaleza humana. Se trata del estudio de estos Puntos de Presión durante las relaciones sexuales. Para estimular este tipo de respuestas muchos Puntos de Presión de nivel avanzado pueden emplearse antes, durante y después de tales encuentros y en riguroso acuerdo con los ciclos energéticos del cuerpo humano.

Conclusión

Muchas instituciones legales, así como profesionales de la medicina están profundamente involucrados en el estudio y el uso del Kyusho, habiendo salvado muchas vidas. Su efectividad, control y naturaleza "no lesionante" se relaciona con el entorno de aplicación de estas profesiones. Las organizaciones militares también lo están considerando, pero a partir de un método mucho más severo (al planteado en su origen) para situaciones mano a mano y de entrenamiento.

Hemos participado en numerosos estudios médicos para fijar los conocimientos actuales y, aunque se han hecho algunos progresos, la investigación continua y el acercamiento de la medicina occidental a la plena comprensión de este Arte aún no se ha completado.

El estudio del Kyusho ampliará vuestro horizonte sea cual fuere el Arte Marcial que practiquéis, así como en muchas facetas de vuestra vida diaria, ya que os acerca a un estudio más profundo de la anatomía humana. Si lo integráis como una parte más de lo que ya estéis haciendo, incrementaréis ampliamente vuestro potencial de curación, vuestra capacidad de herir, y otros aspectos de vuestra cotidianidad. Sin duda, no es fácil, ¡pero vale la pena el esfuerzo!

Paciencia, Persistencia y Perseverancia

Ya han trascurrido cerca de 20 años desde que el Kyusho-Jitsu vio la luz pública. Un viaje largo y exigente, tiempo y dedicación que, sin duda, bien han merecido la pena. El Kyusho aparentemente fácil, en realidad requiere paciencia, persistencia y perseverancia para que funcione. Esta es la razón por la que muchos nuevos adeptos, que buscan aprender trucos rápidos atraídos por su aparente facilidad, finalmente abandonen. Y es que, si el éxito no se adquiere con facilidad, lo tildan de falso y engañoso, cuando en realidad lo que deberían hacer es practicar con la intención de aprender algo nuevo y diferente. Muchísima gente persigue tan deprisa dejar K.O. a alguien, que equivocan el camino, sin asimilar sus conocimientos, los valores y las tradiciones, perdidos entre sudor, dolor y objetivos a corto plazo.

En estos tiempos modernos donde la vida se sucede tan aceleradamente, estamos perdiendo nuestra capacidad de enfoque y nuestra voluntad de mantenerlo. Como sociedad, necesitamos la gratificación inmediata y el Kyusho, desde luego, se resiste a esta exigencia. No hablamos solamente de un Arte físico, sino más bien de un Arte mental. Seguramente ésta es la razón por la que, a lo largo de su historia, sólo se ha enseñado a personas con el 5° Dan, o con una edad superior a los 40 años y su transmisión se ha realizado individualmente.

Hoy en día, se advierte un ímpetu desmedido por aprender muchos aspectos, teorías y elementos relacionadas (que pueden tener o no importancia… pero que seguramente no forman parte del combate) que la gente no logra entender la total simplicidad del Arte. Es simplemente así, existen zonas más débiles para atacar al cuerpo humano, que requieren mucho menor esfuerzo físico, comodidad que, por otra parte, se pierde a medida que envejecemos.

Recuerdo claramente mi primera "lección", justo después de haber visto un vídeo. Cogí un avión y viajé 3.000 millas a lo largo del país para asistir a un seminario. Me quedé impresionado, encantado, intrigado y totalmente conmovido por lo que escuché y vi. Pero adquirí un hábito que todavía utilizo, asisto a un seminario por una razón… no saco conclusiones previas, entonces me cierro al hecho de intentar aprenderlo todo y disfruto del seminario. En aquel primer seminario me deslumbró solamente un punto sobre la mandíbula denominado Estómago 5 (ST-5), siguiendo la terminología de la Acupuntura. Se utilizó para bajar a un hombre enorme con un golpe muy ligero. La guinda fue un K.O.

con un golpe similar... Ambas percepciones modificaron por completo mi método de estudio. De regreso a casa, cada Kata, cada técnica de autodefensa que aplicaba, la mantenía como punto de enfoque... y llegué a hacerlo bastante bien... Perdí algunos alumnos en el proceso, pero ¡para mí mereció la pena!

¡La clave es el enfoque sobre un punto, que te convertirá en un potente artista marcial! Debéis estudiar al máximo hasta que podáis lograrlo espontáneamente y en todas las áreas de vuestro Arte y luego ¡caminar hacia otra meta! ¡Resucitar!

Se puede emplear el Kyusho en un conjunto de estudios que no integran el Kata, pero también se puede usar con cualquier Kata o puede integrarse en cualquier método para cualquier aplicación. El primer nivel que enseño siempre es revivir y reanimar. El segundo es el de "Destrucción de Armas", comenzando por el punto denominado Pericardio 2 (P-2). Como ya sabéis, el principiante no suele tener mucho control, así que el proceso de aprendizaje puede resultar muy difícil; sin embargo sí se enseña el control y se adquiere bastante rápido por la repetición continuada de los golpes entre ambos practicantes.

Se puede infligir dolor, por no mencionar la disfunción del cuerpo, desde fuertes nauseas, hasta una pérdida de fuerza en el cuerpo y en la pierna, lo que implica que cada practicante tenga un profundo respeto por su compañero de entrenamiento.

El entrenamiento enfocado sobre este punto, clase tras clase, ejecutando golpes y agarres, requiere que se desarrolle un *timing,* manteniendo la distancia, la coordinación de los ojos y las manos, saber seguir un objeto en movimiento. La visión periférica es un factor que despierta temor en el principiante, al observar algo dirigiéndose hacia él con gran velocidad. Exige paciencia... ¡golpear un brazo en movimiento no es una tarea fácil! Requiere persistencia... tratar de seguir algo en movimiento y responder en el momento implica mucha destreza. Y el dolor es intenso... ¡exige perseverancia! Ocurre exactamente con todos los estudios del Kyusho, cada punto es devastador de una forma específica y hay que entrenarse con asiduidad para poder apreciarlo.

Por favor, debéis tener un respeto total y profundo por este punto, hay que desarrollarlo porque es peligroso y afecta al sistema neurológico del cuerpo. Pero el conocimiento de este punto os hará mucho más "Equipados, Efectivos & Eficientes..." aunque de esto hablaremos más extensamente a continuación.

Evan Pantazi

¡Cógele el "punto"!
Equipado, Efectivo y Eficiente

El Kyusho/Dim Mak es el estudio de las estructuras más débiles del cuerpo humano. Son puntos localizados en el sistema nervioso y las estructuras vasculares (a veces en ambos). Al actuar sobre ellos (afectamos directamente al sistema nervioso y a las estructuras vasculares), estamos atacando a la estructura interna de nuestro cuerpo. La propia naturaleza ha adaptado nuestro organismo para encajar agresiones como la torsión del tejido, los golpes, las caídas, etc., sin embargo no lo ha hecho para recibir ataques contra la estructura interna, o contra sus funciones, precisamente por ello el Kyusho tiene este efecto devastador y predecible.

Todos hemos sentido alguna vez ese calambre eléctrico provocado al golpearnos accidentalmente con una mesa o cualquier otro objeto duro en el hueso del codo. Como consecuencia experimentamos una disfunción del brazo, dolor agudo, confusión y visión desenfocada del entorno. Algunas personas desarrollan, además, sudores fríos e incluso mareos hasta el punto de desplomarse. El organismo de cada persona es diferente y, por tanto, al aplicar el Kyusho en diferentes personas la reacción que genera admite diversos niveles de incapacitación. La diferencia es evidente si establecemos esta comparación con simples golpes en otras partes del brazo (sin incidir sobre estos puntos) y eso es precisamente lo que pretendemos.

La mayoría de la gente que estudia Kyusho se centra demasiado en el K.O., cuando simplemente sólo es una pequeña parte de este gran Arte. Cuando se logra incapacitar a un asaltante, es posible elegir lo que más nos conviene: continuar con la acción, controlarla o escapar. Existen tantos niveles o maneras de incapacitar a un individuo, rápida y eficazmente, sin provocarle ninguna lesión física, que esa es probablemente la razón por la que cada vez más y más Fuerzas de Seguridad y otros servicios de emergencia se están involucrando con este Arte.

Todos estos Puntos de Presión tienen al menos tres niveles de función: control del área, sumisión al dolor y facilitar otros blancos o funciones del cuerpo. El control del área es muy importante a la hora de esquivar agarres, así como para manipular los tendones. Un ejemplo podría ser la aplicación de Kotegaeshi a una muñeca, cuyo efecto será más rápido y drástico si además incidimos sobre el punto denominado Triple Calentador 3 (TW-3) ubicado en el dorso de la mano, entre los metacarpios del dedo meñique y el dedo anular. Si se presiona este punto mientras se realiza el Kotegaeshi, se debilitará tanto la muñeca como las rodillas, permitiéndonos aplicar otra técnica más contundente.

La sumisión al dolor se puede comprobar al presionar el Triple Calentador 17 (TW-17) ubicado justo debajo del lóbulo de la oreja en la parte trasera de la mandíbula. El dolor es agudísimo, provocando al rival la pérdida temporal del control de su cuerpo, ya que su sistema nervioso actuará de forma refleja, como cuando tocamos con la mano algo muy caliente y la retiramos automática e involuntariamente.

También se consigue actuar sobre otras estructuras nerviosas al estimular el Triple calentador 3 (TW-3), ubicado en la mano, correctamente, lo cual provocará que el Triple Calentador 17 sea más sensible al tacto y por tanto resultará más fácil dejar inconsciente a nuestro rival al aplicarle un golpe adecuado.

En este estudio existen tres niveles superiores de incapacitación (también denominados K.O.'s). El primero se realiza en posición vertical (de pie), es el K.O. técnico denominado en Boxeo TKO, donde el rival todavía se mantiene en pie pero es incapaz de controlar su cuerpo o su mente…, simplemente pierden momentáneamente el contacto con la realidad.

El segundo nivel es más una disfunción física del cuerpo, ya que provoca un colapso y una caída. La persona está despierta, pero no se muestra coherente ni tampoco mantiene el control de las funciones motoras de su cuerpo. El tercer (y poco practicado) nivel provoca la inconsciencia total y se desarrolla sobre todo en las confrontaciones reales donde existe una intención real y menos limitaciones.

Pero, por encima de la posibilidad de provocar estos K.O.'s, lo que resulta realmente importante es el simple hecho de que al presionar estos puntos se logra un efecto mucho mayor empleando mucha menos fuerza. Y quizás no sea importante para todos, pero para las personas de baja estatura, las mujeres, las personas de la tercera edad e incluso para los niños, es una verdadera necesidad. Si un hombre bajo, de unos 70 kilos aproximadamente, tuviera problemas con alguien que pesara 45 kilos más, y cuya estatura le superara en algunos centímetros, tendría mucha dificultad para defenderse. La rapidez y la agilidad son dos factores que influirían seguramente, pero ambos disminuyen rápidamente al envejecer. El poder que podría generar el hombre de menor envergadura será seguramente ineficaz para detener el ataque del hombre más corpulento (especialmente si tiene   adrenalina y está inclinado) quien podrá causarle un daño severo. Además al tener una masa ósea mucho más grande no se romperá fácilmente y su espesa masa muscular absorberá los golpes y le protegerá mucho más.

Se producirá un efecto mayor al presionar los nervios y las estructuras vasculares, localizados entre los músculos, los ligamentos, los tendones, los huesos.

En los individuos más gruesos, estas superficies también serán más anchas en comparación con personas de baja estatura. Por ello, las personas más bajas serán capaces de atacar estos puntos con mayor eficacia, al tiempo que a las personas de mayor envergadura les resultará más difícil acceder a estos puntos en otras más pequeñas. Sin embargo, hay que afrontar el hecho incuestionable de que una persona de mayor envergadura puede infligir mayor daño por su tamaño y poder aniquilador.

Esto no significa que las personas altas no deben aprender Kyusho o no pueden utilizarlo. Al contrario, también ellos pueden enfrentarse a fuertes oponentes de su mismo tamaño. El Kyusho también les equipará, les hará resolutivos y eficaces. Una vez que comprendáis que no se trata de un truco, sino que está basado en la ciencia de la anatomía humana, ¡estaréis listos para aprender!

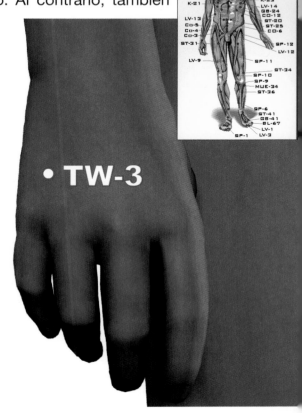

• **TW-3**

La controversia acerca de los Puntos de Presión: MTC vs MMO

Cualquier persona que empiece o haya estudiado los Puntos de Presión (Kyusho/Dim Mak/Dim Hsueh, etc.) sabe de las duras discusiones entre la Medicina Tradicional China (MTC) y la Medicina Moderna Occidental (MMO). Algunas personas se sienten más cómodas empleando los términos e ideologías tradicionales chinos que los planteados por la medicina moderna occidental y al contrario. En la MTC la cuestión no es su eficacia (durante dos décadas, los artistas marciales han probado que funciona alrededor del mundo), sino de lo qué sucede cuando funciona. Ninguna de las dos es mejor o peor y ni siquiera es necesario su aprendizaje para que el Kyusho/Dim Mak/Dim Hsueh sea efectivo.

MMO

Según el planteamiento de la Medicina Moderna Occidental, un Punto de Presión es el lugar donde acaba un nervio, se cruza con otro, o donde forma una Y. Estos puntos son los emplazamientos de la estructura del nervio donde la energía exterior se puede introducir más fácilmente en el sistema nervioso. Con una estimulación apropiada se pueden evitar incluso ciertos mecanismos naturales de defensa que nos protegen de posibles y constantes lesiones. Igual que cuando te golpeas en el hueso del codo, aunque causa dolor, el golpe no llegará a sobre estimular el corazón.

Esta es la razón por la que nos resulta muy difícil encontrarlos, la mayoría de ellos no se encuentran por casualidad, sino que al estimular estos puntos de forma adecuada se producirá un efecto determinado en otros órganos del cuerpo.

Para ahondar en una explicación más profunda, la energía bioeléctrica se envía (divergencia) desde el cerebro hacia la columna vertebral a través del sistema nervioso central, para distribuirse después hacia los órganos, los músculos, la piel, etc. De este modo, permite desarrollar todas las funciones posibles, desde la respiración, hasta las sensaciones, por ejemplo sentir la temperatura ambiental (frío-calor). Los mensajes reenviados al cerebro (convergencia) para su interpretación o desarrollo de la función correspondiente se canalizan a través de otros elementos del sistema nervioso como son el parasimpático, el simpático, el autonómico, el somático, etc.

Al estimular un nervio (introduciendo la energía apropiada a lo largo de todo su recorrido) el mensaje se remite en ambas direcciones -divergente y convergente-. Así pues, la manipulación de un punto en el brazo se corresponde con otras partes de la anatomía del cuerpo humano. Por ejemplo, el nervio cubital puede aportar energía al corazón y viceversa. Se trata, en este caso, sólo del aspecto relacionado con el sistema nervioso, en el Arte del Kyusho existen también otros aspectos relacionados con la circulación sanguínea y la respiración que pueden clasificarse con términos médicos y fisiológicos

Realmente esto puede parecerles muy complejo y no en vano su comprensión exige un doctorado en medicina, de forma que quizás el enfoque de la MMO puede que no sea vuestra respuesta a este Arte.

MTC

La explicación de la MTC sobre los puntos no es menos desconcertante para algunos, aunque para otros es mucho más clara y fácil de entender. Fueron los médicos orientales quienes los trazaron hace miles de años, tras siglos de experimentación y observación, compilando los Puntos de Presión y sus correspondientes mecanismos en un listado que facilita su comprensión. La MTC encontró ciertos puntos en el cuerpo que se corresponden con otros órganos como el estómago, los pulmones, etc. y desarrollaron su sistema de tratamiento estimulando o sedando los puntos correspondientes. La creencia de que una energía (Chi, Ki, Prana) recorre constantemente el cuerpo por unos caminos energéticos es un paradigma oriental. Al parecer, la manipulación de estos puntos, como en el Kyusho/Dim Mak/Dim Hsueh, detiene o invierte el flujo de la energía normal impidiendo así la función y el control correcto del cuerpo.

Los puntos fueron clasificados en secuencias numéricas correspondientes a cada órgano o víscera. Cada listado se inicia siempre a partir del punto número 1 –en cualquier caso, muchos se corresponden con la función de ese órgano o víscera en particular (de forma que el sentido de la energía se inicia desde el número más bajo hasta el más alto en cada Meridiano). El Estómago 5 (ST-5) designa el punto número 5 del Meridiano del Estómago integrado por una serie de Puntos de Presión que afectan a este órgano.

Localizar estos puntos es mucho más fácil a partir de unas láminas que registran estas designaciones universalmente aceptadas. Así, en lugar de buscar en un libro de anatomía la accesibilidad del nervio bucal, podéis localizarlo exactamente usando cualquier lámina o libro de Acupuntura. Lo que os puede resultar más complicado es cuando empecéis a estudiar los aspectos de la polaridad (Positiva o Negativa o Yin o Yang) de cada Meridiano así como la cualidad de su elemento. En la MTC existen 5 elementos: Fuego, Metal, Madera, Tierra y Agua, que se relacionan entre sí de forma diferente. Este planteamiento puede ser igual e incluso más desconcertante que el planteamiento de la MMO. Una vez más debéis tener en cuenta que no necesitáis estudiar ninguna de ellas para emplear los Puntos de Presión de forma efectiva. Si manipuláis cada punto como una entidad independiente para lograr un blanco óptimo en un emplazamiento corporal concreto, entonces ¡cada golpe, cada toque, cada aspecto de vuestro Arte particular se verá realzado!

¡No tratéis de buscar las diferencias, tratad de encontrar las similitudes!

¡Controversia!

"No se pueden emplear los Puntos de Presión en una situación real, es imposible pensar durante la lucha en la secuencia exacta de una serie de combinaciones, no se puede pegar insistentemente a alguien sin lesionarle, no se puede emplear un Kata en un combate, no se puede...".

Los practicantes de Kyusho han escuchado estas frases durante años, lo más increíble es que estas aseveraciones las realizan personas que no practican el Arte, o peor aún, que han asistido a un seminario para después intentar desarrollar estas enseñanzas en su escuela y no les ha funcionado (como si fuera tan fácil y no fueran necesarios varios y duros años de entrenamiento intenso, dolor, frustración y dominio de la aplicación).

Tenemos que escuchar estas sandeces a gente hipócrita que nunca ha intentado acercarse a este sistema y aún así lo rechazan. Tenemos que oírles proclamar que se trata de su especialidad y que son "Maestros", y aún así son incapaces de practicarlo o se esconden tras el argumento de que "es demasiado peligroso". Un seguidor muy popular del combate con Puntos de Presión, hace aproximadamente unos diez años, rebatió los puntos, e incluso publicó un documento donde expresaba que se trataba de una tontería, ¡y aún así ha escrito varios libros, ha protagonizado varios vídeos y enseña este Arte en numerosos seminarios!

Conozco un médico profesional que públicamente ha manifestado que la práctica de este sistema es demasiado peligrosa y sin embargo tiene vídeo clips en su página web donde se le puede ver practicándolo... En fin, al menos él lo practica y sabe hacerlo.

Es frecuente escuchar a ciertas personas que participan en distintos seminarios que han practicado este sistema durante años, ¡los más divertidos son aquellos que acuden acompañados de su grupo de alumnos y transmiten mínimas explicaciones a sus propios seguidores y encima lo hacen mal! Los hay incluso que pretenden hacer test de capacidad cuando son incapaces de llevarlos a cabo, lo cual resulta tremendamente curioso. Estos hechos solían irritarnos y dedicábamos horas y horas rebatiendo sus argumentaciones, ahora nos causa risa ya que, como ocurre con tanta frecuencia, hemos llegado a acostumbrarnos.

En cuanto a la frase *"no funciona en una situación real"* que podemos decir que no sea que sí funciona y además en muchas ocasiones. Personalmente yo lo he empleado en un encuentro real y tengo amigos, asociados e incluso alumnos que también lo han empleado. Desde personal militar hasta civiles, desde miembros de la Policía hasta personal médico, ¡pasando por los propios niños! Ha funcionado incluso en competiciones en las que los alumnos, al iniciar el combate, presionan de forma natural los puntos aprendidos en el entrenamiento de este sistema, consiguiendo K.O.'s que provocaban su descalificación, incluso siguiendo los parámetros reglamentarios en cuanto a la posición del blanco y el empleo de la fuerza. Insisto, sí funciona, incluso es efectivo aplicándolo con protecciones, equipos de sparring, chalecos *Kevlar*, cascos de moto o de fútbol americano... Uno de nuestros mejores instructores lo aplica a través de un *Pro Player*, ¡pero eso es otra historia! Sí, es efectivo ¡con los chalecos protectores empleados en las carreras de motos! y también ¡con prendas de abrigo!…

Los policías a los que entrenamos han declarado que el Kyusho ha aportado seguridad a su trabajo, así como una mayor manejabilidad y control de los presuntos delincuentes. Algunos miembros de la brigada de narcóticos afirman que es efectivo incluso con personas que consumen PCP (Polvo de ángel).

Kata

En cuanto a la afirmación de que un Kata no funciona en una situación real, la respuesta desde mi punto de vista pasa por la forma y la orientación del entrenamiento. Si uno entrena un Kata como un ejercicio, entonces se desarrollará como tal, pero si se entrena como un método de combate, así lo desarrollará en la práctica. En la mayoría de los casos reales de los que tengo noticias, el 90% de las personas confiesan que utilizan movimientos procedentes del Kata.

Lesiones

En cuanto a las lesiones, ¡ni he causado, ni he visto, ni tengo noticias de ninguna lesión causada por el Kyusho! Desde que empecé a estudiar los Puntos de Presión, jamás me he lesionado y tampoco mis alumnos, al menos nunca en mayor medida que con el viejo y "tradicional" estilo de entrenamiento. Actualmente contamos con una referencia clara: tras dos décadas de práctica hemos conseguido K.O.'s en numerosas ocasiones sin provocar lesiones físicas. La fuerza empleada no provoca el mismo alcance que un traumatismo fuerte, así que hoy en día el Arte del Kyusho es una de las formas más naturales de protegerse.

La controversia establecida estribaba sobre todo en que los Puntos de Presión no funcionaban en absoluto, y además que no se podían aplicar en una situación real. Ahora estos niveles no sólo empiezan a conocerse, sino que además se aceptan. La controversia actual se plantea en cuanto a los nuevos horizontes de la Proyección de Energía, considerados como una especie de montaje escénico, del que se burlan. En cualquier caso, hemos conseguido grandes progresos en este área y empezamos a convencer también a estos escépticos. Existen, además, muchos aspectos que no enseñamos ni mencionamos ya que están al margen de los límites conceptuales de la mayoría de la gente.

A lo largo de este libro os aportaré historias, informes, así como argumentaciones de otros practicantes de Kyusho que son miembros de la Policía.

Con esta obra os ofrecemos un espacio de información interactiva, a través de nuestra página web donde encontraréis una herramienta instruccional, complementada con láminas, gráficos e ilustraciones información escrita y más de 30 vídeo clips de K.O.'s en los que se aplica el Kyusho-Jitsu en la ejecución de Katas Bunkai.

Website: http://www.kyusho.com

Cociente de energía

Chi, Ki, Prana... todos ellos son términos que aluden a la energía que fluye dentro de nosotros y uno de los fundamentos de las Artes Marciales y sanatorias de Oriente. Este concepto se suele discutir en los tiempos modernos pero pocas veces se comprende. Es un tema de acalorado debate incluso entre los artistas marciales y los científicos. Es interesante darse cuenta de que algunas personas creen que esta energía sirve para curar, como es el caso de la Acupuntura, el Shiatsu y todas las Artes sanatorias y holísticas. Las Artes sanatorias aún no creen que se pueda aplicar en su faceta marcial.

Al no haber sido catalogada, el sector más científico tampoco cree que exista. Se están llevando a cabo varias pruebas en todo el mundo para explorar esta energía y poder avanzar algo en la comprensión de sus propiedades. Entre tanto, son millones las personas y muchas las civilizaciones del mundo con algún registro histórico de su existencia y la vienen utilizando desde hace miles de años. El descubrimiento del Hombre de Hielo en el norte de Italia ha demostrado la existencia de los Puntos de Presión y de la Acupuntura, relacionados con el flujo de energía del cuerpo ¡desde hace ya cinco mil años!

Entonces, ¿qué es esta energía? La ciencia moderna aún no ha sido capaz de explicarlo, pero a medida que van avanzando las investigaciones de campo, florecen sus propiedades de salud y de autoprotección. Aunque no sea profesional de la medicina occidental ni científico, intentaré explicar en términos básicos la idea del pensamiento oriental.

Sabemos que los músculos, los órganos y los sistemas circulatorios implicados en la digestión y la respiración son posibles porque el cerebro envía una carga bioeléctrica a través del sistema nervioso para impulsar estas funciones. Si pensamos en nuestro cerebro como en una batería, en la espina dorsal como en un cortacircuitos y en el resto del tejido nervioso del cuerpo como en el tendido de cables de nuestra casa, podemos comprender de modo sencillo lo que sucede. Como en cualquier sistema eléctrico, una pequeña cantidad de energía goteará por el sistema de contención; es decir, que si la electricidad viaja a través de un cable, podrá medirse una pequeña cantidad de la misma en el exterior del cable. Si alguna vez habéis estado al lado de un generador eléctrico, u os habéis quitado el jersey en un día frío, justo antes del calambre debisteis sentir la energía (la electricidad). Esta sensación es parecida a la del Chi.

Por eso, cuando una persona camina detrás de nosotros y no la oímos, podemos sentir su presencia. O cuando alguien está enfadado, disgustado e incluso feliz, podemos sentir esa energía y su estado anímico en general. Otro modo de ver esta cuestión es que todas las moléculas están formadas por unas pequeñas partículas denominadas átomos. Los átomos están formados por electrones, protones, neutrones... Es decir, estamos formados de las mismas partículas básicas que las cargas eléctricas, como el aire que respiramos. Esta energía, este flujo entre lo positivo y lo negativo, esta atracción de las polaridades contrarias e incluso el rechazo de energías iguales es lo que hace posible que exista todo esto. Esta energía se puede sentir, impulsar y canalizar, pero requiere tiempo y saber qué sensación provoca.

Las personas sienten la energía de forma diferente. Unos la sienten como calor, otros como algo denso y en expansión, otros como vibraciones o como una sensación de hormigueo similar a cuando se te duerme un brazo. Lo que sí hay que sentir es una relajación completa del Chi para que fluya sin impedimentos; por eso existe la meditación y el uso de las Katas o Kuens. La tensión de un músculo se debe a que la energía bioeléctrica se está enviando o almacenando en él. Cuando tensamos un músculo es esta energía la que hace que el músculo se tense (junto con otros procesos fisiológicos); lo cual reduce su capacidad de fluir al ser encauzada y retenida en un lugar determinado. Cuando relajamos todo el cuerpo permitimos a la energía fluir libremente No obstante, en la sociedad moderna, las tensiones y las malas posturas en el trabajo o en la vida cotidiana, a menudo hacen que la tensión se vaya acumulando. Con el tiempo acabará manifestándose en forma de nudos o contracturas musculares que bloquean el flujo natural. Según la medicina oriental, ésta es la causa de casi todas las enfermedades. En la práctica de algunas Artes Marciales se tensan los músculos para conseguir velocidad y potencia, lo cual también interrumpe el flujo energético. Como en las técnicas de respiración, hay que relajarse y proyectar. Si estamos demasiado tensos e intentamos hacer un movimiento fuerte, la lesión será más leve. El hecho de tensar los músculos además genera tensión en los grupos musculares antagonistas a la vez que decelera y debilita la acción.

Aplicación del Kyusho

La práctica diaria de cualquier kata o de cualquier movimiento proporciona a la memoria del músculo una oportunidad de fijarse y relajarse dentro del movimiento. Un estado relajado, como mencionamos
antes, permitirá fluir el Chi y mejorará la acción y el potencial. Cuando
golpeamos un Punto de Presión permitimos a la energía transferirse
al objetivo, en lugar de retenerla en el cuerpo. Cuanta más experiencia se tenga, más ligeros podrán ser los golpes porque la habilidad
será mayor y se transmitirá más energía. Practicando este Arte podremos afrontar bien la ancianidad, cuando la velocidad y la fuerza
disminuyen.

¿Para qué?

El Kata ha sido un enigma en las Artes Marciales desde hace décadas. Su verdadero significado sólo se transmitía a unas pocas personas (por lo general, el Maestro del estilo sólo transmitía sus conocimientos al primogénito o al heredero de la familia). Hasta hace muy
poco no se empezó a difundir su aplicación, intención y conceptos
originales. Esta labor la emprendió un auténtico Budoka de la vieja
escuela que decidió que este maravilloso legado no muriera con él.

El Kata es un registro histórico de la habilidad, el conocimiento y la
experiencia de un hombre en una estructura concisa y de sinergia.
Nadie conocerá nunca con seguridad los verdaderos métodos o el
propósito de su creador, pero con el conocimiento de Kyusho/Dim
Mak y de la ciencia relacionada con los Puntos de Presión (junto a las
claves transmitidas correctamente para interpretar las katas),
actualmente somos capaces de extraer de ellas posibilidades más
realistas y fiables.

Las katas tuvieron su origen en movimientos utilizados en combate por el guerrero que los inventó para aniquilar a su oponente.
Primero se aprendían otras técnicas por separado, sabiendo cómo
afectaban a las funciones del cuerpo (circulatoria, digestiva, respiratoria y neurológica) y a las estructuras (tejido vascular, intestinos y
órganos, nervios, cerebro, músculos, tendones, ligamentos y huesos).
Una vez aprendido esto, se enseñaba al practicante una serie de
técnicas organizadas según unas pautas fijadas de antemano para
que el individuo las practicara en secreto.

Al observar una kata resulta difícil asegurarse de cual podría haber sido su verdadero significado, excepto cuando añadimos el conocimiento y la habilidad del Kyusho. Todo esto son claves para descifrar el significado oculto del kata que tan celosamente se ha guardado durante muchas generaciones. Algunas de estas claves originales que, el ahora fallecido Hohan Soken, transmitió al que fuera mi Maestro, fueron:

• **En las Katas no hay bloqueos,** cada movimiento representa un ataque.

• **Nunca existen oponentes múltiples,** sino más bien una serie de ideas que funcionarán sobre un oponente.

• **Si se repite un movimiento en ambos lados,** funcionará a ambos lados del oponente.

• **Si el movimiento aparece sólo en un lado,** entonces donde funciona mejor (pero no exclusivamente) es en ese lado.

Existen más, pero se aprecia claramente que la mentalidad era diferente a la transmitida en los orígenes del Karate como deporte con Gichin Funakoshi a principios de los años veinte. Si se enseñan a partir de los conceptos deportivos del bloqueo, de los puñetazos y de las patadas, la mayoría de los movimientos, posturas y transiciones no tendrían sentido y resultarían ineficaces en un altercado real. Esta fue la intención de Sensei Funakoshi, cuando el verdadero Karate tuviera que modificarse para enseñarlo en las escuelas como un medio de preparación para el servicio militar.

Más confusas fueron algunas de las razones e interpretaciones Bunkai dadas a algunos de estos movimientos que han llegado hasta nuestros días. En la fotografía podemos apreciar la aplicación de la kata denominada Suparempi (que significa 108 pasos). Desde la postura del caballo baja se ejecutan tres palmas dobles derechas hacia abajo, girando la cintura como cuando se toca el piano. Originalmente me la enseñaron sabiendo que simbolizaba a un hombre ciego saliendo a tientas de una cueva... ¡desde luego eso no es lo que un antiguo Maestro transmitió a lo largo de los siglos! En la página Web podréis observarlo con una interpretación más realista que sólo ha sido posible al utilizar los Puntos de Presión. ¡El resto de los 5 K.O.'s son posturas de la Kata Nai Han Chi!

En la actualidad, armado con el conocimiento del Kyusho-Jitsu para descifrar una kata (sólo necesitaréis una si sabéis que tenéis que hacer con ella), tendréis la oportunidad de aprender y perpetuar vuestras habilidades y conocimientos, ¡y al mismo tiempo podréis ser vuestro propio Maestro el resto de vuestra vida! Esa es una información peligrosa, ya que muchos instructores necesitan mantener a sus alumnos por dinero, por ego, o por satisfacer sus propias necesidades de autoestima. ¡La idea de enseñar a un alumno a ser autosuficiente y a tener capacidad para superar a su instructor a medida que aprenda más, no es ni más ni menos que una herejía en las Artes! Pero enseñar a un alumno a ser más fuerte incluye enseñarle cómo aprender por sí mismo. ¡Al aprender el Kata y el Kyusho-Jitsu se crea una interdependencia!

¡El caso es que aprender el Arte del Kyusho-Jitsu os permitirá incrementar el potencial del Kata, haciendo que valga la pena dedicarte a un estudio tan serio!

Los Puntos Vitales de los brazos

El Kyusho representa en sí mismo el sueño de todo artista marcial: neutralizar a un oponente con el mínimo daño, de forma eficaz e inmediata. La pregunta que todos nos hacíamos era sencilla: ¿Funciona? Bueno... ¡pues sí funciona amigos! En la redacción hemos tenido ocasión de hacer innumerables tests en los últimos meses con gente completamente ajena a la escuela; tests incontestables en los que hemos visto caer todo tipo de personas con "el suave toque del guerrero" para ser perfectamente reanimados después como si tal cosa.

Pero el Kyusho no es sólo K.O.'s. Neutralizar al oponente, inhabilitando sus armas y sus defensas es una alternativa muy interesante que además nos permite ir perfeccionando nuestro aprendizaje paso a paso para, llegado el momento, aprender a atacar puntos encaminados a "apagar la luz" del enemigo.

El uso ponderado de la fuerza es una regla esencial en toda guerra, por ello este vídeo, que hoy os presenta Shihan Pantazi, es un verdadero tesoro para cualquiera de nosotros. Sin necesidad de cambiar de estilo, el Kyusho provee a todo artista marcial de unas claves operativas de altísima eficacia en el combate. Puedes ser karateka, taekwondoka, practicante de Kajukenbo, de Kenpo o de lo que sea. Tú tienes tu Maestro, tu Sensei, tu escuela, tus raíces y esas son sagradas. El Kyusho no sustituye a nada sino que se conforma como un complemento de oro, un apartado especial capaz de enriquecer la eficacia de tus ataques en un mil por mil.

Si tienes que atacar un brazo, ¿por qué no golpear en el punto adecuado? Neutralizar las armas del contrario deja la pelea sin argumentos. ¿Cómo soltarse de un agarre aunque sea Superman el que te sujeta? ¡Hasta Aquiles, el gran guerrero, tenía su talón! Y en verdad os digo, que tras estudiar el Kyusho uno descubre que tenemos un montón de esos "talones".

Evan Pantazi posee el conocimiento, pero lo que es más importante: la capacidad didáctica; y si me apuráis, lo que es aún mucho más importante: una sistemática de enseñanza que lo distingue de entre otros profesores del sistema; él es la persona adecuada para iniciaros en este Arte, por ello le hemos escogido.

Personalmente considero que Evan tiene además humanidad, en mi opinión algo indispensable para trabajar un estilo tan poderoso que propende a la arrogancia (¡y casos hay!) si no se es lo suficientemente maduro, lo exigiblemente humilde.

Alfredo Tucci

Los Puntos de los brazos

Este enunciado alude a la traducción literal de la palabra Kyusho, aunque desde un enfoque más específico se trata de hacernos con el control en el primer segundo de un conflicto. Ahora bien, dado que la mayoría de los ataques se inician con las manos, tenemos que ser capaces de lograr el control inmediato de los brazos del adversario. Cuando utilizamos bloqueos o movimientos de desviación antes de un enfrentamiento, no sólo perdemos ese primer segundo, sino que además mostramos una actitud defensiva. Así el adversario estará en posición de ventaja, ya que tanto su inercia como su actitud ofensiva le dan el control. En el primer nivel de aprendizaje de Kyusho se aprenden los aspectos curativos y cómo reanimar o restablecer la funcionalidad de lo que se ha dañado; es, en el segundo nivel, donde el eje central del aprendizaje se centra en cómo incapacitar los brazos. De modo que, por favor tened presente que ante un ataque nuestro objetivo es responder (no reaccionar) inmediatamente con un ataque que provoque en el adversario un cambio en su planteamiento del conflicto (de una actitud ofensiva a otra defensiva), haciéndole perder el control de la mente, el cuerpo y el espíritu.

El punto de partida es aprender el ángulo, la dirección, el método de activación de los Puntos de Presión de los brazos, junto a los efectos que provocan en otras partes del cuerpo. Ahora bien, los puntos se encuentran donde se insertan los nervios, donde forman una Y o donde se cruzan. Es, en estas zonas, donde podréis canalizar más fácilmente la energía o incidir en el sistema nervioso del adversario, provocando dolor y superando los mecanismos naturales de defensa del cuerpo. Un ejemplo, cuando os golpeáis el brazo el dolor no es muy agudo, pero si el golpe es en el extremo del codo, en el llamado "hueso de la risa", se produce un dolor muy agudo, así como la disfunción del brazo, el debilitamiento de las piernas y una pérdida temporal de nuestra capacidad para pensar de forma coherente. Y éstas son precisamente las reacciones que queremos provocar a nuestro adversario en el primer segundo del ataque. Se trata de hacernos con el control, física y mentalmente, mientras hacemos mella en su espíritu.

Los puntos que utilizaremos para incapacitar al adversario no sólo causan un dolor muy agudo, sino que además provocan efectos distintos en el cuerpo. Algunos causan nauseas, bajada de la tensión sanguínea, sudor frío, temblores incontrolables, disfunción de los músculos de las piernas, mareos e incluso pérdida del conocimiento. Todo ello es posible actuando correctamente sobre un punto en concreto. Cuando actuamos sobre varios puntos a la vez los resultados pueden ser mucho más contundentes.

Ante un puñetazo, un empujón o un intento de agarre (como suelen desarrollarse la mayoría de los ataques) sólo podremos acceder a unos pocos puntos.

El estudio completo de los todos los puntos del brazo se aborda en el nivel más alto, pero a medida que entrenamos no sólo buscamos la respuesta más rápida a un ataque, sino también el modo más rápido de aprender. Así el alumno que está empezando va adquiriendo habilidad y confianza en su entrenamiento sin necesidad de realizar un programa de estudio prolongado. El alumno tarda menos de una hora en aprender cómo incapacitar a un adversario, de forma que este nivel de entrenamiento se convierte en algo espontáneo y automático, incluso en situaciones de tensión.

En el entrenamiento, el brazo puede llegar desde tres ángulos o direcciones principales, todos los demás -considerados menores- se integran en el contexto de estas tres direcciones principales. El primero y más importante es el ángulo lateral, ya sea con un puñetazo de gancho o agarre, un puñetazo con el dorso de la mano o un puñetazo con el dorso de la mano con giro, e incluso un golpe del codo. El segundo es el avance directo, ya sea con un golpe, un empujón o un agarre dirigido a la parte superior del cuerpo. Y el tercero surge de un ataque bajo o en descenso, ya sea para golpear o para agarrar. Una vez comprendidos estos ángulos resulta más fácil responder sin temor -y sin la rigidez que éste ocasiona- relajados y manteniendo el control. Siempre hemos de buscar la simplicidad. Los movimientos largos y sofisticados sólo complican las cosas bajo la presión que impone una confrontación real.

En este apartado ahondaremos en el primer ángulo, el ataque lateral ya que es el camino más fácil para acceder al brazo del adversario. Cuando nos lanzan un golpe de gancho a la cabeza podemos responder con un golpe de gancho a un objetivo más cercano: su bíceps, para ser más exactos el Pericardio 2 ó 3 (P-2 ó P-3). Esto no sólo intercepta el ataque antes de adquirir su máxima potencia, sino que al golpear cualquiera de estos puntos incidimos en su sistema nervioso provocando un dolor muy agudo. Los efectos serán la pérdida total del control del cuerpo, una bajada rápida de tensión, lo cual provocará nauseas, sudor frío, mareos y la disfunción completa de la estructura muscular de los brazos.

Ahora imaginemos el mismo ataque pero, esta vez, en forma de agarre o empujón dirigido al hombro, o un agarre de la muñeca o de la solapa; hasta puede que nos tiren del pelo. Si se utiliza el brazo para lanzar un puñetazo con el dorso de la mano, un puñetazo con el dorso de la mano con giro, un agarre del cuerpo o cualquier otro ataque iniciado por el lado contrario, ahora dirigiremos el mismo golpe a un punto del tríceps medio denominado Triple Calentador ó Sanjiao 12 (TW-12). Obtendremos los mismos efectos que describimos anteriormente. Además otra consecuencia que puede resultar interesante cuando golpeamos este punto es que ¡el oído del lado que atacamos puede verse afectado temporalmente! Una sola respuesta para una multitud de posibles ataques conseguirá los mismos efectos señalados y puede aprenderse en una sola sesión... ¡Esto sí es eficacia!

A través de los Puntos Kyusho manejar un directo en un ataque puede resultar igual de eficaz y devastador para el adversario,

Kyusho Jitsu

Arriba a la derecha: El Shihan Pantazi ejecuta un doble golpe al punto Pericardio 3 (P-3), empleando también el Meridiano del Intestino Grueso.

Debajo: ejecuta un doble golpe, uno dirigido al Pericardio 2 (P-2) y el otro al Pulmón 7 (L-7) utilizando también los Meridianos del Pericardio y del Corazón.

Abajo: ante un ataque directo al vientre, Shihan Pantazi dirige un doloroso golpe al Intestino Grueso 9 (LI-9).

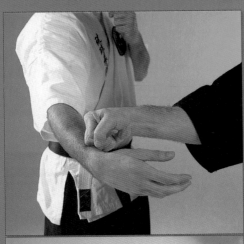

"Los Puntos de Presión que utilizaremos para incapacitar al adversario no sólo causan un intenso dolor, sino que además provocan distintos efectos en el cuerpo"

Shihan Evan Pantazi

disminuyendo su capacidad de respuesta para continuar el ataque. Como ejemplo de este ángulo podemos observar el clásico saludo chino donde las manos se colocan en forma de puño y de palma extendida. Con esta sencilla -en ocasiones malinterpretada- posición de la mano tenemos a nuestra disposición muchas formas para incapacitar al adversario, que explicaremos brevemente. Según se acerca el golpe directo podemos golpear el dorso de la mano al presionar con los nudillos el punto ubicado en la cara interna de la muñeca denominado Corazón 6 (H-6). Sus efectos son inmediatos: intenso dolor, disfunción de los músculos del brazo y del cuerpo y a la par situará al adversario en una posición previsible tanto para intentar la huida, como para favorecer cualquier maniobra de seguimiento.

Si partimos del punto más bajo del ataque (un golpe a la parte inferior del cuerpo) podremos recurrir a un Punto Kyusho y, con un solo movimiento, finalizaremos el ataque. Veamos las extrañas y confusas posturas y movimientos de las Katas para explicar sólo

"Siempre hemos de buscar la simplicidad. Los movimientos largos y sofisticados sólo complican las cosas bajo la presión que impone una confrontación real"

una posible respuesta a este tipo de ataque. En la mayoría de los estilos existe una postura, la doble posición de los brazos. Para ejecutarla colocamos ambos brazos a nivel del cuerpo, extendemos un brazo y llevamos el otro a la altura del codo del primero, después colocamos ambos puños con las palmas de la mano hacia arriba. Así podremos golpear dos puntos simultáneamente, en la parte de atrás del puño y el antebrazo del adversario; puntos que se encuentran a la misma distancia que nuestra posición de las manos, lo cual demuestra que la Kata en su aplicación emplea un sistema de medición muy interesante.

Una vez asimilados los objetivos (Puntos Kyusho) y las armas (las posiciones de las manos que se aprenden con estos métodos) la práctica constante de forma activa y espontánea será la raíz de la habilidad, pasando de ser un ejercicio concienzudo a una pericia automática. Durante la práctica se trabajará simultáneamente el ángulo, la dirección, el tiempo y la distancia a la par que disipamos el temor a los ataques y la tensión asociada. También practicaréis el control de los efectos paralizantes de una subida de adrenalina y la habilidad de manejar innumerables variaciones con el mínimo movimiento y fuerza, todo en un breve margen de tiempo y empleando la fuerza del adversario contra él mismo (Equipado, Efectivo y Eficiente).

Cuando logréis la habilidad necesaria para golpear (en el punto preciso) un brazo que se dirige hacia vosotros a 45 ó 50 km/h, abordar el siguiente nivel, cuyo objetivo es la cabeza, será mucho más fácil y preciso ya que la velocidad y el movimiento se han reducido drásticamente. A medida que vayáis progresando os daréis cuenta de que cuando un adversario dirija un golpe hacia vosotros a una velocidad elevada, sólo será necesario ejecutar un contraataque, en lugar de intentar golpearlo. Así se incrementa la precisión reorientando el ataque de nuevo al asalto inicial del adversario.

Existen varias maneras de provocar la disfunción del brazo, es el propio alumno el que ha de decidir lo más adecuado; así cada persona, cualquiera que sea su estilo, puede integrar estos métodos en su propio estilo fácil y rápidamente. Además mejorará increíblemente su puntería y el potencial de su propio arsenal. Un apunte importante, si no aliviamos el dolor con métodos adecuados puede durar varias semanas, recordándonos el error que hemos cometido. Aunque estos métodos pueden aplicarse para provocar dolor e incapacitar al adversario tanto física como mentalmente, la clave para obtener

"A medida que vayáis progresando
os daréis cuenta de que cuando un
adversario dirija un golpe hacia vosotros
a una velocidad elevada, sólo será
necesario ejecutar un contraataque,
en lugar de intentar golpearle"

眼精手扶

verdaderos beneficios está en conseguirlo sin provocar un daño permanente y apreciable, la auténtica prueba de fuego de las Artes Marciales.

Herramientas de trabajo

Abordaremos ahora los diferentes tipos de patadas y su potencial, señalando también las diferencias existentes entre ellas. Si observamos el Karate tradicional advertiremos que la utilización de las patadas en la ejecución de Katas es muy limitada y además nunca se lanzan por encima de la cintura. Es, en su evolución hacia una orientación más deportiva, donde se advierte el lanzamiento de patadas por encima de la cintura en el desarrollo de las katas modificando, por tanto, el concepto original.

Patada frontal

Generalmente, la patada frontal se lanza con un movimiento rápido que reduce tanto su velocidad como la fuerza potencial. De hecho, esta patada lanzada por encima de la cintura resulta perfecta en el Karate deportivo a la hora de adaptarse a la normativa establecida. Sin embargo, en situaciones reales de Defensa Personal no sólo es impracticable por cuestiones de equilibrio y por las evidentes limitaciones impuestas por el entorno y la indumentaria; sino que además el adversario puede engancharla fácilmente. Otra limitación evidente es la edad, ya que la habilidad para lanzarla disminuye con la edad en lugar de hacerse más afinada y devastadora. Además en su ejecución se ha variado la posición del pie impulsando el golpe con la parte delantera de la planta, en lugar de con el dedo gordo (conocido como *Sokusen*) que no sólo reducía considerablemente el riesgo de sufrir lesiones sino que además ocultaba la verdadera intención de la patada.

El dedo gordo del pie puede impactar fácilmente sobre los músculos blandos de la parte interior del muslo sin exigir demasiado entrenamiento. En estos músculos se insertan terminaciones nerviosas, además de la arteria femoral. Un fuerte impacto sobre ellos puede provocar efectos devastadores, desde un shock nervioso, hasta llegar a colapsar e incluso a romper la arteria, causando la incapacitación del adversario por la pérdida de control de su cuerpo, o la pérdida de conocimiento como consecuencia de las graves lesiones producidas en las articulaciones. Otros objetivos peligrosos, aunque de más complicado acceso son la zona superior y lateral del pubis e incluso el propio periné (que puede afectar al nervio vago del hipo-tálamo que enlaza directamente con el estómago y que a su vez afecta al corazón).

Patada lateral

En el Karate tradicional observamos un uso limitadísimo de las patadas laterales bajas. En su origen, éstas no se lanzaban con el canto del pie (una adaptación moderna para hacerlas más espectaculares en las competiciones de kata) ya que las probabilidades de lesionarse eran demasiado elevadas. La anatomía del pie y la estructura de los metatarsianos (sobre todo en la zona del dedo meñique) son débiles y se fracturan fácilmente. Las lesiones pueden ser más graves al impactar con planta del pie y sobre todo con el talón ya que la potencia del músculo y el peso son muy superiores a los que puede soportar la pierna.

Esta poderosa patada se lanza por debajo de la cintura por varias razones, la primera (mencionada anteriormente) es una mera cuestión física. La siguiente hace referencia al factor fuerza, ya que si la patada se eleva por encima de la cintura tanto la velocidad como la precisión y la fuerza de la misma se reducen considerablemente. Otra razón importante es la edad ya que al envejecer las posibilidades de ejecutarla no sólo se limitan sino que además el riesgo de sufrir una lesión permanente en los músculos de la cintura y la espalda se amplía.

Por tanto, ¿dónde y cómo hemos de lanzar esta patada para optimizar sus efectos sin someternos a riesgos físicos? En principio, la rodilla parece un objetivo posible, pero para ello hemos de buscar el ángulo y la dirección donde esta fuerte articulación pueda resultar más débil. Por encima de la rodilla existen dos puntos sobre los que si impactamos poderosamente con un ángulo de 45° relajarán completamente la articulación provocando una fractura más limpia. Además en la pierna existe un punto en la parte lateral de la articulación que causará idénticos efectos, pero igualmente exige el poder de esta patada para penetrar la zona externa de los músculos de ambos lados de la pierna.

Patada circular

Todos los estilos marciales, desde el Kempo al Muay Thai, dirigen esta patada al muslo y, sí, realmente duele mucho. Sin embargo, existe un ángulo y una dirección que no se suele practicar en los combates, e incluso tampoco en la faceta marcial de estas disciplinas. Cuando golpeamos la espinilla contra el muslo la intención es lesionar el cuadriceps, uno de los músculos más grandes y fuertes (y por cierto el más trabajado por los artistas marciales), o bien atravesarlo para llegar al hueso. Sin embargo, lo que provoca efectos más devastadores utilizando mucha menos fuerza es golpear la pierna con un ángulo de 45°.

Si dirigimos nuestro impacto al punto lateral del muslo, la estructura nerviosa sobre la que queremos impactar está ubicada en la parte interna, por debajo y ligeramente detrás de una gruesa masa de cuadriceps, de forma que al golpear desde un ángulo de 45° el impacto recaerá sobre todo en el músculo... En este caso, la ventaja es para la persona de mayor envergadura y mayor fuerza. Ahora bien, si descendemos un poco hacia el suelo e impactamos en el mismo área provocaremos el espasmo y la disfunción de la pierna empleando mucha menos fuerza. Al golpear los puntos Vesícula Biliar 31 ó 32 (GB-31 ó GB-32) con un ángulo de 45°, paralizamos toda la pierna ya que no podrá soportar todo nuestro peso y lo lograremos de un modo mucho más fácil y eficaz.

Polaridad... (Yin & Yang)

Hemos sabido siempre que los hombres y las mujeres son muy diferentes, desde el modo de pensar hasta el modo de movernos y de sentir, en todos los aspectos de la vida. De manera que, ¿por qué iba a ser diferente en el entrenamiento de las Artes Marciales o en la Defensa Personal?

La mujer, que es Yin (energéticamente negativa) comparada con el hombre, que es Yang (energéticamente positivo) no puede pretender utilizar la potente fuerza física de Yang para protegerse de un ataque Yang. Las técnicas de fuerza y la propia fuerza bruta no funcionarán porque en este tipo de situación el hombre, más grande y más fuerte, estará siempre en ventaja. Por tanto, a la mujer se le debe enseñar cómo adaptar sus aspectos Yin naturales para utilizarlos de forma efectiva contra un ataque de estas características. En el campo electro-magnético, dos energías iguales se repelen mientras que los polos opuestos se atraen, y en este orden natural de la vida también encontraremos las respuestas para adaptarlas a la Defensa Personal femenina.

Los cuerpos de las mujeres son, generalmente, más pequeños y frágiles comparados con la complexión física del hombre, de forma que si su entrenamiento se orienta de cara a emplear más fuerza y aumentar la velocidad de sus puñetazos o de sus patadas, el impacto sobre una estructura más fuerte puede causarle más daño a ella que a su atacante.

No hay nada de malo en este entrenamiento para fortalecerse y estar más atlética y ágil, pero utilizar la fuerza para golpear no es la mejor respuesta. Además, las mujeres por naturaleza tienden a emplear armas distintas, por lo que entrenarlas en contra de sus instintos naturales no sólo llevará más tiempo, sino que el pánico de una situación real sólo aumentará las complicaciones creando mayor confusión.

Utilizando los puntos más débiles asociados al Kyusho-Jitsu y la transferencia correcta de energía se pueden conseguir resultados más satisfactorios que a través de los ataques basados en la fuerza bruta. Con el fin de ilustrar esto de la forma más sencilla posible, aplicaremos la teoría del Yin y del Yang a la Defensa Personal femenina. A la mayoría de los instructores modernos se les enseñó (y ahora ellos se lo transmiten a sus alumnos) a golpear debajo de la barbilla al atacante para inhabilitarle. La forma convexa de la barbilla evolucionó para absorber el impacto en el caso de que el cuerpo cayera hacia delante, protegiendo el rostro y el cerebro, así que en lugar de luchar contra esto deberíamos adaptarnos. El equilibrio inherente en la teoría del Yin y del Yang nos lleva a comprender que allí donde hay fuerza, también existe debilidad... El punto Estómago 5 (ST-5),es muy accesible, está ubicado a un lado de la mandíbula donde se inserta la terminación nerviosa. Al impactar en este punto podemos afectar al sistema neurológico y obtener un efecto mucho más intenso sobre todo el cuerpo (y no sólo en la estructura anatómica donde proyectamos el golpe), con menor esfuerzo.

Si profundizamos en la relación entre el Yin y el Yang, advertiremos que el cuerpo es bipolar, lo cual significa que contiene cargas eléctricas positivas y negativas. Además la polaridad de las mujeres es absolutamente opuesta en todos los sentidos a la del hombre, por lo que hay que enseñarlas en consecuencia. Por ejemplo, el lado izquierdo del rostro de un hombre tiene una polaridad negativa, de manera que cuando un hombre golpea a otro hombre en la cabeza con un arma natural digamos un puño (cuya energía es negativa) o una mujer le golpea con la palma de la mano (también de energía negativa) sólo se producirá una sacudida ya que, en ambos casos, eléctricamente los efectos internos se repelen. Lo que una mujer (o un hombre) puede hacer para provocar un mayor efecto interno es levantar el talón del pie del lado del cuerpo con el que esté atacando, o cambiar la posición de la mano al utilizarla como arma. Como ya he mencionado, una mujer sometida a presión instintivamente golpeará con la palma de la mano (un hombre lo hará con el puño cerrado), de forma que si le enseñamos a concentrarse bien y a colocarse en lugar de que adopte una postura antinatural con la mano, ¡con muy poco esfuerzo físico puede provocar una gran reacción física!

Las descargas eléctricas se producen porque nuestros cuerpos transmiten energía eléctrica a la tierra, especialmente a través del talón cuando estamos de pie y de la espalda cuando estamos tumbados en el suelo (a través del Meridiano de la Vejiga). Al levantar el talón del pie de uno de los lados del cuerpo, el potencial que va al suelo se detiene y la polaridad (o la carga eléctrica) cambia. De forma que aprender estas posturas y giros son fundamentales para utilizar el potencial energético de nuestro cuerpo, haciendo posible alterar esta cualidad energética. Debemos aprender a utilizar estos conocimientos, que podemos encontrar en las Kata e incorporarlos en cualquiera de las Artes como un complemento importantísimo en nuestra formación marcial. Los antiguos Maestros, desde los de Wing Chun hasta los de Tai-Chi, conocían este cambio de la energía e incluso lo documentaron en sus primeros textos (*El Bubishi* por ejemplo) como "un ejercicio para cambiar el cuerpo" y lo incorporaron a sus respectivas Artes. Además es aplicable a la lucha en el suelo y a la defensa de las mujeres en un caso de violación por ejemplo... Es sumamente vital que todos nos esforcemos en comprender y conocer cómo funciona la anatomía humana.

Yin & Yang

Todo en la naturaleza está integrado por un componente positivo y otro negativo, de modo que el estudio de Kyusho no iba a ser menos. Como ya he mencionado muchas veces, los verdaderos beneficios del Kyusho son amplios y diversos, entre los que se incluye la habilidad de curar y aliviar problemas de salud y sus síntomas asociados.

El cuerpo humano posee la asombrosa habilidad de curarse a sí mismo para mantenerse en equilibrio. Sin embargo, existen elementos internos o externos que alteran o rompen este equilibrio y causan una serie de consecuencias físicas como pueden ser sarpullidos, molestias, dolores...

El Arte de Kyusho, conocido en cantonés como Dim Mak, nació del estudio de la Acupuntura. Este es el relato de los hechos: un antiguo acupuntor llamado Cheng Seng Feng postulaba que invirtiendo el método de Acupuntura podía infligirse daño sobre el cuerpo en lugar de sanarlo. Para demostrar esta hipótesis (según cuenta la leyenda) realizaba sus experimentos con los presos convictos. A partir de un estudio minucioso y detallado registró, no sólo los métodos más perjudiciales, sino también el tiempo que tardaba en provocar el mal. Con estos datos y su habilidad en las Artes Marciales formuló una serie de posturas y movimientos del cuerpo que caracterizaban todas las "recetas" que había descubierto. Durante su proceso de investigación hacia un nuevo Arte Marcial realizaba todo lenta y concienzudamente, disfrazando a la vez sus conclusiones y conocimientos. A la fusión de sus nuevos descubrimientos y su nuevo Arte Marcial le dio el nombre de "El Gran Puño Definitivo"... conocido en la actualidad como

"Tai-Chi Chuan". Así se fundieron en una sola las tres partes del Ser humano: la Mente (la intención), el Cuerpo (el movimiento y las posturas) y el Espíritu (Chi) nuestra parte inaprensible.

El hecho de que las raíces del Kyusho/Dim Mak crecieran a partir de las Artes sanatorias, así como la posibilidad de conocer los principios subyacentes y los métodos para conseguir un cuerpo equilibrado y sano conducirá al practicante a una comprensión más amplia de los aspectos marciales. De manera que empezando con los componentes Yin (resurgimientos, capacidad para corregir lo desequilibrado, lo detenido o lo inverso en tu compañero), continuamos con el estudio paralelo del Yang (dañar al oponente). Actualmente ya no se recurre a los presos convictos para probar estos conocimientos, por lo tanto ¿cómo podemos practicar y aprender con las manos para llevar a la práctica todas estas teorías? La respuesta del Yang reside siempre en el Yin, ¡aprende a sanar! Muchas personas a tu alrededor necesitan alivio pues sufren distintas enfermedades o aflicciones; otros desean disfrutar de un masaje que incorpore los Puntos de Presión (Tui Na). Trabajando con los Puntos de Presión nunca tendréis escasez de personas con quienes practicar. Eso sí, aprender despacio y concienzudamente la ubicación de estos puntos y la forma más correcta de manipularlos, de este modo además mejoraréis vuestra habilidad marcial.

Tanto los métodos Yin como los métodos Yang para utilizar los Puntos de Presión dependen del flujo de energía y de su dirección. El aprendizaje se realiza con las manos a partir de unos métodos de curación sencillos pero muy eficaces. En el primer nivel de formación aprendemos y practicamos las tres curaciones principales, así como un método para acabar con el dolor de cabeza. Ante el ritmo impuesto por la sociedad moderna la mayoría de nosotros hemos sufrido dolores de cabeza y también la mayoría recurre a medicamentos o drogas para aliviar (o enmascarar) el dolor. En lugar de ingerir un producto fabricado por el hombre que provoca efectos secundarios, ¿no sería más inteligente utilizar el masaje de ciertos Puntos de Presión para aliviar el dolor de una forma puramente natural?

Existen dos zonas donde pueden producirse los dolores de cabeza: los laterales y la línea central de la cabeza. En el primer caso, abriremos y liberaremos la energía sobrante que se ha acumulado en el Meridiano de la Vesícula Biliar para eliminar el dolor en la zona lateral de la cabeza. Para aliviar los dolores de la línea central de la cabeza trabajaremos el Meridiano de la Vejiga, drenando de nuevo el exceso de energía generado por bloqueos o por un exceso de estímulos. Una vez liberadas estas dos zonas, podemos trabajar con más detalle y de forma natural las zonas de dolor más específicas.

El Kyusho incluye en su entrenamiento métodos curativos como por ejemplo emplear el Yin para equilibrar el Yang. Aprender la anatomía humana y comprender el flujo de la energía incrementará vuestra habilidad marcial hasta niveles muy altos. Deberíais preguntaros a vosotros mismos en cuántas situaciones reales de "peleas" y de "Defensa Personal" podéis llegar a encontraros, en comparación con el número de personas que se cruzan en vuestro camino que sufren y padecen cualquier tipo de dolor a quienes podríais ayudar. Sin ninguna duda resulta imperativo estar preparado para defenderos ante cualquier adversario, pero yo os planteo ¿podrían considerarse también al dolor y al malestar físico como nuestros adversarios?

Evan Pantazi

Kyusho Jitsu

Dim Mak

Los ataques a los Puntos de la cabeza

¡Jugar con ventaja!

¿Te interesaría aprender a atacar a los Puntos de Presión de la cabeza incrementando significativamente tu habilidad para causar la disfunción física o la pérdida de conocimiento de un adversario?

¿Te interesaría que además no quedara ninguna marca o prueba física?

¿Te interesaría no causar ningún perjuicio permanente para que nadie pueda denunciarte?

¿Y si pudieras aprender a hacerlo sin necesidad de emplear la fuerza?

¿Te gustaría poder aprenderlo y utilizarlo en una sola clase, seas o no artista marcial?

¿Qué dirías si pudiéramos enseñarte 25 de esos Puntos (u objetivos) para que puedas acceder a ellos, al margen de la situación o del ángulo en el que te encuentres?

¿Y si esos objetivos encajaran en tu estilo marcial con muy poco esfuerzo, dotándote de mayor potencial modificando simplemente tu foco de atención?

En Kyusho International, el ataque a los Puntos de Presión de la cabeza se suele enseñar durante los primeros meses de entrenamiento. Este aprendizaje proporciona al individuo la habilidad de causar daño físico o mental al adversario con un solo golpe. Tal vez os estéis preguntando por qué enseñamos a alguien a provocar la disfunción física o la pérdida de conocimiento de un adversario tan pronto. ¿Es responsable por nuestra parte? La respuesta es sencilla. La sociedad actual es más agresiva e incivilizada y nuestra responsabilidad es ayudar a las buenas personas a protegerse.

Los ataques personales están a la orden del día; el crimen cada vez está más extendido y la impotencia y la desesperación aumentan cada día. Los desaprensivos, los criminales, las bandas organizadas y los terroristas siembran el caos en las vidas de las personas buenas e inocentes. Otro asalto al que nos vemos sometidos a diario es la falta de tiempo libre. Una jornada laboral intensa, el tráfico, la ausencia de tiempo de ocio... convierten nuestra vida en una permanente carrera contra el reloj estresante y ajetreada, por lo que muchos buscan resultados más rápidos sin sacrificar tanto su escaso tiempo libre. La idea de que cualquier adulto esté dispuesto a pasar 4 ó 5 años entrenando duro para aprender este nivel de seguridad personal es absurda y anticuada. La realidad es que no sólo lo necesitan, sino que buscan métodos más rápidos. Recordad, por ejemplo, la forma en que entró en escena el Krav Maga, extendiéndose ahora a todos los sistemas de formación militar y policial. La necesidad de recurrir a enfoques compactos y realistas es cada vez mayor. El Kyusho no sólo encaja con estos métodos de entrenamiento nuevos y rápidos, sino que además funciona por sí mismo. Su valor esencial es que os hará más fuertes y eficaces, mejorando todos los aspectos de vuestro entrenamiento, al margen del estilo que practiquéis.

Por otro lado, sería un auténtico crimen perder la sabiduría, la filosofía y la tradición de las Artes antiguas. El Kyusho-Jitsu acerca al individuo lo mejor de ambos métodos: la presencia de la historia y la filosofía junto a una forma más eficaz y potente de enseñar este poderoso método de Defensa Personal. La era deportiva del Karate nos ha alejado de las ideas y necesidades originales de las Artes Marciales en tiempos más estables, pero la realidad actual nos desvela la necesidad de recuperar aquellos métodos antiguos cuando el hombre era menos civilizado. Las leyendas y los mitos de las Artes antiguas han resurgido ante nosotros y hemos comprobado que no sólo siguen siendo válidos, sino que son exactamente lo que necesitan las Fuerzas y Cuerpos de Seguridad para el cumplimiento de la ley y el orden, tanto civiles como militares. Todas las Artes Marciales deben adaptarse a los tiempos y a las necesidades de la sociedad y nadie debería mantener una actitud de servidumbre hacia un instructor durante muchos años sin aprender estos métodos y conceptos que hoy son tan necesarios. Así que, sea cual sea el estilo que practiquéis, WingTsun, Shotokan, Tai-Chi o cualquier otro Arte Marcial tradicional, podéis integrar esta información para desarrollar una Defensa Personal potente y aplicable.

Utilizando el Kyusho, en una única sesión una persona puede aprender un modo muy poderoso para protegerse a sí misma con mayor eficacia que si aprende métodos convencionales. En el entrenamiento convencional, incluso a partir de métodos nuevos y "rápidos", se dedica mucho tiempo a los ejercicios de bloqueo, velocidad y fuerza. Horas y horas de ejercicios, trabajo de saco utilizando los codos, las rodillas, los puños y los pies, e incluso cabezazos y culazos... Y sí, todo eso está muy bien, pero sólo en contadas ocasiones enseñan dónde hay que golpear exactamente para optimizar los resultados en cuanto a la

ncapacitación del adversario. En una única sesión de Kyusho de una ora, el individuo aprende primero la ubicación del objetivo y la forma e atacarlo correctamente y después la forma de llegar hasta él lo más ápidamente posible desde cualquier ángulo. Así, el alumno adoptará na visión más centrada e intensa de la situación, en lugar de una mentalidad defensiva desarrollada a través del bloqueo. La velocidad se esarrolla de forma natural, al igual que el sentido del tiempo, de la distancia y de otros muchos elementos importantes para la lucha, frente a os métodos establecidos.

Otro factor que debemos tener en cuenta es el perfil de las víctimas. Si analizamos este dato observamos que casi siempre se trata de iños, jóvenes, mujeres y personas mayores. Personas vulnerables y rágiles que, para enfrentarse a un hombre adulto y agresivo, necesitan n método distinto a los métodos convencionales basados en la fuera, esto no funcionará en su caso. Las mujeres y los niños necesitan un nétodo para protegerse al margen del tamaño, la masa y la fuerza de cualquier agresor. Las adolescentes, por ejemplo, que suelen ser el oco de atención de los varones más fuertes y más agresivos, con sus ormonas en plena ebullición, deberían tener a su disposición un método de defensa totalmente eficaz independientemente de la fuerza oruta... Para los que sois padres, ¿no es ésta una preocupación cada ez mayor hoy en día? ¿Y qué hay de ti, como artista marcial? Los años an pasando inexorablemente y con ellos ¿dominas tu Arte Marcial o, oor el contrario, sufres cómo el paso del tiempo disminuye las grandes abilidades atléticas que tenías y que ahora no consigues?

Necesitamos un Arte que perdure en el tiempo y nos ayude a mejorar a medida que envejecemos, ya que los ancianos son otro grupo ocial vulnerable a los ojos de los criminales.

Los Puntos de Presión de la cabeza no sólo son muy eficaces, sino que son muy accesibles en el combate en la distancia corta o en la Defensa Personal. En caso de necesidad cualquiera puede aprenderos rápidamente y aplicarlos de inmediato. Cualquier persona puede alcanzar un nivel más avanzado más rápidamente ya que es capaz de elegir, en un instante, un objetivo y centrarse en qué funcione en situaciones reales y para distintos ataques sin tener que recurrir a una técnica preestablecida" en un escenario concreto. Y además vosotros, como artistas marciales, podéis trasladar y aplicar estos conocimientos a cualquier estilo que practiquéis. Podéis incluirlo en vuestros ejercicios o practicando la lucha con un compañero sin que

nadie, a excepción de vosotros mismos, sepa lo que estáis haciendo...
¡a menos que se lo hagáis sentir!

El grado de intensidad en la aplicación de los Puntos de Presión
varía según la situación que se tenga entre manos. Son tan versátiles
que los podéis utilizar para controlar, lo cual es necesario para la aplicación de la ley o en la seguridad; para la incapacitación, necesaria
en entornos civiles; o para provocar efectos letales en el caso de
necesidades militares. Policías, funcionarios de prisiones y correccio-
nales, personal de seguridad, vigilantes e incluso el personal de
urgencias de todo el mundo están descubriendo que los Puntos
Kyusho los hacen sentirse más seguros, aplicándolos de manera no
abusiva ni prohibitiva.

Los Puntos de Presión de la cabeza

Están ubicados en los nervios craneales, de forma que el mensaje
se envía directamente al cerebro, por lo que los efectos son más
intensos e instantáneos, necesitando además muy poca fuerza y
velocidad para ser eficaces. Al golpear un punto del brazo, por ejemplo, los músculos cercanos, los ligamentos y el hueso amortiguan y
protegen las estructuras nerviosas. Los nervios craneales se sitúan
entre una fina capa de piel, que actúa como tejido protector y la
estructura ósea de la cabeza y la mandíbula. Así, al golpear un nervio
contra una superficie dura como es la mandíbula, el golpe no se
amortigua al no existir ningún tejido blando que lo proteja, por lo que
se conseguirán mejores resultados.

Ahora bien, no siempre se trata de provocar que nuestro adversario
pierda el conocimiento, además el 5% de la población, no es que sea
inmune a este tipo de ataque, sino que mantiene un umbral de resistencia más alto que el resto. El efecto más buscado es causar algún
tipo de disfunción física o incapacitación que nos sitúe en ventaja, bien
para continuar la pelea o, por el contrario, para emprender la huida.

En cualquier caso, el 95% sentirá su nivel de conocimiento alterado
espectacularmente, lo cual supone un porcentaje mucho más alto que
el alcanzado con los métodos convencionales, especialmente contra
un adversario más grande y más fuerte. Algunos se mantendrán en
pie, aunque no controlarán plenamente sus miembros; otros caerán al
suelo aún conscientes pero incapaces de controlar su cuerpo; y otros
entrarán en niveles más profundos de disfunción corporal y mental.

Existe incluso la posibilidad de ejercer una aplicación más letal según la fuerza empleada, pero no es eso lo que nos ocupa ahora.

Muchos instructores ya conocían la ubicación de algunos puntos y cómo presionarlos, e incluso la existencia de puntos blandos que al impactar sobre ellos causan más dolor que otras áreas del cuerpo. Pero hasta hace muy poco la aplicabilidad de los 361 Puntos de Presión del cuerpo y cómo las Artes Marciales incorporaron este vasto conocimiento de la anatomía no se conocía públicamente. Además, de lo que muchos no se dan cuenta es de que todos estos puntos, y especialmente los que nos ocupan en este momento, pueden estimularse o debilitarse antes del ataque activando los nervios de los brazos. Por ejemplo, al atacar un punto del brazo, el mensaje neurológico viaja primero al sistema nervioso central y después al cerebro; lo cual en términos médicos se denomina convergencia. Después, desde el cerebro y los nervios craneales se envía la respuesta al resto del cuerpo a través del sistema nervioso central, a lo cual científicamente se le denomina divergencia. Este proceso explica, en parte, las disfunciones causadas en el cuerpo. Si atacamos un punto del brazo, facilitando así la activación de los nervios craneales, y a continuación golpeamos los nervios craneales, los mensajes divergentes generados para mantener los músculos y otras funciones corporales estables, se verán afectados. Si no se transmite ningún impulso nervioso para mantener los músculos apretados, el cuerpo se colapsa. Este efecto se logra golpeando correcta y directamente los nervios craneales. Los puntos de la cabeza en sí mismos también pueden causar este tipo de disfunción corporal, la lesión de la capacidad motora o la pérdida de conocimiento en distinto grado, pero se podrán obtener mejores resultados si se preparan previamente.

No siempre es necesario ejercer un ataque explosivo en los Puntos de Presión para causar estos niveles de disfunción y de alteración de las facultades mentales. Algunos pueden provocar reacciones similares simplemente frotando o presionándolos, de manera que su utilización sigue siendo beneficiosa en el grappling o para las Fuerzas y Cuerpos de Seguridad para el cumplimiento de la ley y el orden, e incluso para el personal de urgencias, que se supone que no deben emplear la fuerza balística (de golpeo). Por ejemplo, al frotar un punto situado debajo de la nariz, con movimientos rápidos y reiterados de un lado a otro, primero causará dolor, a continuación provocará un

debilitamiento y pérdida del control de los músculos de los brazos a medida que el cuerpo, involuntariamente, se arquea hacia atrás y retrocede. Este método puede provocar una visión borrosa y en algunos individuos incluso mareos o alteración del conocimiento.

Ahora bien, en los ataques balísticos la mayoría de las Artes enseñan técnicas para bloquear las agresiones hasta niveles muy avanzados. Sin embargo, el inconveniente de este método radica en que si el adversario te saca ventaja y esto no resulta eficaz, no puedes resolver el problema. El problema radica en la intención del adversario, su idea de hacer daño, por lo que la única forma de evitarlo es atacar a la fuente misma. Al golpear la cabeza afectando a la transmisión de los impulsos nerviosos para hacer trabajar los músculos y los niveles de conocimiento y razonamiento, detendremos el ataque eficazmente.

Los conocimientos de Kyusho proporcionarán al practicante un nivel alto de seguridad personal y, lo más importante, ofrecen la posibilidad de aprender rápidamente para que todos, desde los niños hasta los más mayores puedan emplearlos de inmediato.

Kyusho International se fundó con este propósito, ayudaros a aprender este método poderoso e integrarlo en vuestro estilo personal gracias a una red internacional de instructores altamente cualificados.

¡Ataques Yang!

En los últimos apartados no hemos referido a los aspectos del Yin y del Yang y cómo se relacionan con el Kyusho/Dim Mak. En esta ocasión, abordaremos el método de ataque de la mayoría de las Artes Marciales, que es pura fuerza Yang. Se trata de un ataque balístico en el que se emplea una gran velocidad, fuerza y masa. En el caso de que el ataque sólo dependiera de la fuerza, los resultados podrían ser devastadores, pero esto no siempre es posible.

La fuerza por sí misma no siempre es suficiente para salir de una situación conflictiva o para ganar a un adversario en una competición. Su efecto puede fracturar los huesos, provocar moratones o desgarrar los tejidos, los músculos, los ligamentos o los tendones. También puede desequilibrar al adversario, trastornarle y provocarle un dolor intenso, pero para lograrlo es necesario que confluyan una serie de factores o elementos clave.

Los factores que exige el uso de la fuerza pueden no estar accesibles o haber sido eliminados por un adversario mejor que nosotros o más afortunado, de forma que no sea posible proyectar tal fuerza, ya que el espacio para desarrollar la velocidad y la potencia necesarias, o bien no existe o ha sido eliminado.

Otra factor importante es que la base desde la que se proyecta se haya roto o desequilibrado, lo cual impedirá la sinergia suficiente del músculo para proyectar la fuerza. El grappling, por ejemplo, elimina la base y el espacio necesarios para este tipo de proyección. De hecho, hemos sido testigos de ello en muchas ocasiones, tanto en los *No Holds* como en otros encuentros de este estilo en todo el mundo, donde el grappler, una vez que es capaz de encajar sus golpes, anula todas sus habilidades y posibilidades. Además las características del propio entorno (existencia de escaleras, ascensores u otras áreas reducidas) y las circunstancias puntuales en el momento del conflicto (presencia de muchas personas, ataques múltiples) son determinantes a la hora de emplear la fuerza.

Incluso la fuerza por sí misma tampoco resulta suficiente para afectar a los Puntos de Presión del cuerpo a la hora de superar las barreras impuestas por los sistemas naturales de protección del cuerpo humano. La regla del Yin y del Yang es siempre comparativa; se puede medir la fuerza de un puñetazo (Yang), pero ¿comparado con qué o con quién? Si el adversario tiene mucha más envergadura o está en mejor forma que nosotros -comparativamente hablando- nuestro golpe será más débil (Yin). Por lo que serán el ángulo y la dirección contra la propia estructura anatómica, unidos al uso de la fuerza del Yin y del Yang, lo que provocará una mayor disfunción o trastorno físico (teniendo en cuenta que además –comparativamente- es necesaria muy poca fuerza ya que los límites impuestos por un adversario cercano o por un entorno reducido nunca sean tan restringidos como en el caso de los impuestos por la fuerza balística). Una de las cosas que más me costó aprender cuando empecé a estudiar Kyusho fue no ser capaz de medir el uso de la fuerza, algo que llevaba muchos años entrenando y que fue la causa de que muchas de las aplicaciones que realizaba fueran fallidas. Y es que, emplear sólo la fuerza no es tan eficaz como la utilización de una gama dinámica de misma, ya que el cuerpo reaccionará al impacto y durante algún tiempo estará preparado para recibir más.

Para comprender este concepto, lo más útil es realizar un test físico: agarra a un compañero por el hombro en cualquiera de las posturas de grappling. Si ambos permanecéis relajados y flexibles en un estado de Yin, o si por el contrario os mantenéis fuertes en un estado de Yang, en cualquiera de los dos casos os resultará muy difícil desequilibrar al otro. De manera que empezad a provocaros el uno al otro (vuestros músculos se tensarán), después uno de vosotros debéis relajar vuestro cuerpo en estado de Yin durante un segundo y el otro también se relajará de forma inconsciente. Ahora, durante este periodo de relajación sorpresa, pasad rápidamente a un estado tenso -de Yang-, ahora ya seréis capaces de desequilibrarlos fácilmente. Esto mismo ocurre en el momento de golpear a otro individuo, ya que el cuerpo intentará encajar el impacto y se preparará para recibir otro en un estado relajado (durante algún tiempo) sin percibirlo como una señal o una amenaza ante la cual prepararse o bloquearse. A esto se le conoce con el término "Toque de Muerte" y se trata de una señal que dispara los mecanismos de protección del cuerpo a la hora de aplicar una fuerza Yang sobre un Punto de Presión o cualquier otra zona vital. Una vez más, es el Yin comparado con el Yang, o dicho de otro modo, se trata de engañar al cuerpo del adversario con un estado Yin para el ataque Yang.

Además, otro aspecto importante a tener en cuenta es que el cuerpo compensa o disipa la fuerza de los impactos. Aunque cualquier impacto directo causará daños físicos, siempre será interceptado por las estructuras naturales para la protección de nuestra anatomía. Tomemos como ejemplo las costillas y el esternón que protegen el corazón, los pulmones y otros órganos vitales y cuya estructura traza una curvatura muy similar a la de un puente. La curva central del puente (y la estructura de las costillas) disipa la fuerza del impacto aplicado sobre la estructura de forma expansiva; esto es, propaga la fuerza directa hacia fuera, no en línea recta. Además, la estructura muscular de alrededor de las costillas también se comprimirá ofreciendo una mayor superficie de contacto y disipando la fuerza del impacto en un área mayor. Un ataque desarrollado con menos fuerza provocará en nuestro cuerpo una respuesta o reacción menor y, por tanto, una mayor probabilidad de penetración o transferencia interior de energía.

Como narran los viejos Maestros y la historia, las Artes Marciales son un estudio del Yin y del Yang, el corazón del Budo.

"El ataque Yin provoca la pérdida de control,
un tipo de disfunción que surge tras el
debilitamiento muscular
que implica una flexión del cuerpo muy
similar a la posición fetal"

Idéntico resultado por caminos distintos

La utilización de los Puntos Kyusho en el combate provoca distintos niveles de disfunción. Teniendo en cuenta las reacciones generadas, los efectos secundarios y los tres niveles de conciencia que tratamos las posibilidades son infinitas. Si además sumamos que los niveles de incapacitación son tan individuales como cada adversario o compañero de entrenamiento con el que practiquemos, en este apartado podréis aprender los efectos que suelen producirse con la práctica del Kyusho-Jitsu.

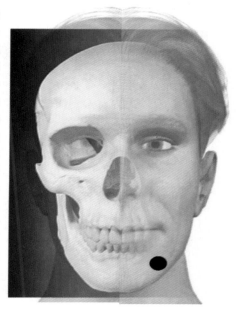

Las dos variaciones primarias residen en el concepto del Yin y del Yang, son reacciones contrarias que nos ayudan a determinar parcialmente cómo y qué órgano o estructura corporal hemos afectado. El ataque Yin debilitará a nuestro adversario a través de un proceso lento de desgaste, dejando sin energía ciertas funciones del cuerpo y/o sin fuerza para emprender cualquier tipo de acción. El ataque Yang estimulará el cuerpo hasta conseguir una reacción rápida o explosiva. Ninguno es mejor o peor, son diferentes y el estudio adecuado de ambos conceptos incrementará la capacidad de entendimiento y de utilización de los Puntos de Presión.

El ataque Yin provoca la pérdida de control, un tipo de disfunción que surge tras el debilitamiento muscular que implica una flexión del cuerpo muy similar a la posición fetal. En principio el debilitamiento será lento, a medida que los músculos vayan relajándose será más impetuoso hasta provocar el colapso del cuerpo. Como vemos supone un vacío de energía, eliminando la fuerza o funcionalidad en la zona afectada a nivel local e incluso extendiéndose a las estructuras asociadas en el resto del cuerpo. Para conseguir este efecto basta con detener, hacer retroceder o vaciar el flujo energético de un punto en particular.

Pongamos un ejemplo para comprobar la eficacia de este método. Golpeemos un punto ubicado en el antebrazo, cerca de la corva del codo denominado Pulmón 5 (L-5). Para ello, sujetamos la muñeca con una mano y golpeamos este punto con la mano contraria para detener el flujo de energía. Si realizamos un movimiento de penetración en el brazo dirigido hacia la mano el cuerpo comenzará a debilitarse. En primer lugar y debido al acto reflejo de extensión, se debilitará el lado contrario. La pierna contraria se colapsará y el cuerpo se flexionará adoptando la posición fetal, tal y como mencionamos anteriormente. Este tipo de ataque desplazará al adversario hacia nosotros para poder desarrollar cualquier acción futura si fuera necesario.

Dominar estos conceptos tienen un valor incalculable en la Defensa Personal, especialmente ante ataques múltiples. Saber la reacción del adversario nos proporciona confianza y capacidad para colocarle prácticamente donde nosotros queramos. Naturalmente esto depende de la cantidad de fuerza empleada y de los puntos que ataquemos. En cualquier caso, un ataque de estas características nos garantiza un control de la situación mucho mayor que tratar de bloquear el ataque y, si lo conseguimos, invertir tiempo de nuevo para el contraataque. La clave está en lograr debilitar la defensa y el ataque al mismo tiempo y controlar al adversario desde el primer segundo de la confrontación.

El ataque Yang nos proporciona el mismo control pero de forma diferente. Un ataque Yang tiene tendencia a sobrecargar el cuerpo y abrirlo o arquearlo hacia atrás rápidamente. Los pies también suelen levantarse del suelo, en una caída menos controlada y un movimiento más volátil. Parta ilustrar este efecto se puede utilizar un Punto de Presión ubicado en el antebrazo en el lado opuesto al Pulmón 5 (L-5), me refiero al Intestino Grueso 10 (LI-10). Al impactar en este punto con un fuerte y penetrante golpe hacia el codo, el adversario bajará su derecha, al igual que al golpear el Pulmón 5. La diferencia radica en cómo reacciona y cae el cuerpo. De nuevo, sujetamos la muñeca y golpeamos este punto hacia dentro y hacia el codo con un ángulo de 45°. Rápidamente observaremos que los

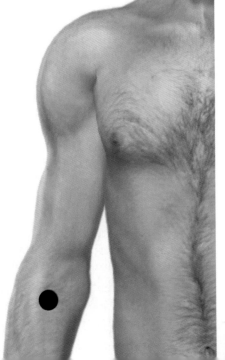

pies se elevan hacia atrás a medida que el cuerpo cae hacia delante, frente a nosotros y más rápidamente que con la técnica anterior.

Como podéis comprobar estas diferencias os proporcionan una panorámica general de todas las reacciones provocadas por los ataques Yin y Yang. Independientemente de la localización del Punto de Presión que ataquemos (en el brazo, la pierna, el torso o la cabeza) los ataques Yin provocarán que el cuerpo de nuestro adversario se flexione hacia adelante y hacia abajo, mientras que los ataques Yang abrirán el cuerpo. Como veis se produce idéntico resultado pero por caminos diferentes.

Al igual que los métodos expuestos en cuanto a los puntos del brazo, los niveles de conciencia también pueden manipularse, aunque nuevamente hay que destacar sus diferencias. En primer lugar enumeremos los tres niveles de conciencia con los que tratamos:

Fase 1: la persona permanece de pie y consciente pero sus funciones motoras han disminuido.

Fase 2: la persona pierde su función motora y se desploma, aunque mantiene la consciencia de lo que sucede a su alrededor.

Fase 3: pérdida total de conocimiento, ausencia de función motora, visión o pensamiento.

Ahora bien, cada uno de estos niveles de disfunción admite los atributos de un ataque Yin o de un ataque Yang. Para ilustrarlo tomaremos un Punto de Presión denominado Nervio Mental, ubicado justo debajo de las comisuras de los labios, encima de la mandíbula. Si presionamos hacia abajo y

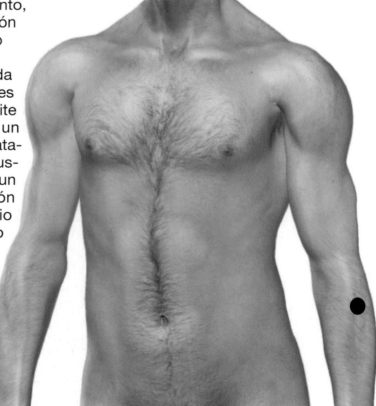

hacia el centro de la garganta, el efecto será inmediato: caída de los párpados, visión borrosa, mareos, los brazos se desplomarán hacia los lados. Si la fuerza del impacto empleada fue ligera el cuerpo se flexionará hacia adentro y hacia abajo (Yin) y nuestro adversario tendrá que sentarse al quedarse sin fuerza. Si el golpe es un poco más intenso el cuerpo se arqueará hacia atrás ligeramente, los pies se elevarán del suelo y se desplomará. Aunque mantendrá los ojos abiertos, será incapaz de enfocar y perderá prácticamente todo el control de su cuerpo. Cuando aplicamos aún más fuerza, los brazos se arquearán hacia arriba y hacia fuera a medida que el cuerpo saltará y se arqueará hacia atrás, cayéndose al suelo redondo... Este tipo de caída descontrolada es muy peligrosa y alguien debería asegurarse de que la cabeza no sea lo primero que golpee contra el suelo. Los ojos se cerrarán ante la pérdida total de conocimiento. No recordarán la caída, aunque quizás sí recuerden el golpe como un flash blanco justo antes de perder la visión.

Como veis, una vez más, podemos derribar al adversario utilizando el mismo punto con distintos niveles de intensidad o de energía provocando diferentes efectos. Todo dependerá de lo que necesitemos en cada circunstancia puntual para controlar la situación.

Cuando se trata de aplicar los ataques a puntos múltiples, será nuevamente la manipulación de la energía y la elección del punto las pautas que determinen sus efectos; ahora bien, en este caso hay que considerar un factor fundamental: el cuerpo está preparado para soportar golpes fuertes y reiterados pero no la energía alterna. Si se golpean dos puntos con la misma fuerza no tendrá tanto efecto como si la fuerza del ataque es alterna (Yin y Yang). Aunque parece difícil de conseguir en un altercado real, tener en cuenta que un empujón, un agarre y un golpe poseen presiones y cualidades diferentes y eso es precisamente lo que se produce en los altercados reales, por lo que se trata únicamente de saber combinar estos efectos al presionar distintos puntos. Realmente no importa si nuestro adversario se debilita con el Yin o si se conmociona con el Yang, de lo que se trata es de conseguir que pierda el control de sus funciones corporales para que podamos aplicar el método necesario para vencerle.

Si alguna vez presenciáis un K.O. Kyusho en un seminario o en una clase particular, podéis determinar si se trata de un ataque Yin o Yang observando las reacciones de su cuerpo. Reacciones o efectos determinados por el punto o los puntos utilizados (Yin o Yang), así como por la fuerza empleada (Yin o Yang). Incluso las armas naturales también pueden provocar efectos diferentes ya que los golpes con los tejidos blandos (como por ejemplo la palma de la mano) nunca serán tan penetrantes (o Yang) como los del puño. Una vez más, se trata de un resultado idéntico obtenido por caminos diferentes.

Evan Pantazi

Dim Mak

Kyusho Jitsu

La Anatomía es la clave

El estudio de la anatomía humana debería ser, como fue, una parte especial de la formación en Artes Marciales. En la sociedad moderna tenemos tanta prisa en aprender que no llegamos a conocer el Arte completo. Y es que generalmente los alumnos no permanecen con sus profesores el tiempo suficiente, quieren independizarse, abren sus escuelas y, como su formación no es completa, sólo pueden enseñar lo que a ellos les dio a tiempo a aprender. Con el tiempo esto ha generado grandes discrepancias y malos entendidos.

En la práctica del Kyusho tenemos siempre presente el límite impuesto por la legislación vigente para no provocar lesiones al adversario que tengan consecuencias mayores, pero también aprendemos a incapacitar y a lesionar a nuestro adversario si fuera estrictamente necesario. A través de los Puntos Kyusho podemos debilitar los músculos y otros tejidos para afectar a las articulaciones o los huesos más fácilmente.

Ya hemos abordado la estructura de las costillas, diseñadas anatómicamente como un escudo protector y cómo esta región sirve para disipar la energía de modo natural. Las costillas y el esternón trazan una curvatura muy similar a la de un puente, de forma que la curva central de esta estructura disipa la fuerza del impacto de forma expansiva; propagando la fuerza directa hacia fuera, no en línea recta.

Cualquiera que haya tenido rotas las costillas sabe perfectamente que esta lesión debilita mucho. El dolor es intenso y se manifiesta a través de pinchazos que se hacen más agudos con cualquier movimiento de los músculos circundantes o de los tejidos relacionados. Cualquier movimiento de los brazos, el torso o los músculos que levantan las piernas provoca un intenso dolor. Para ilustrar el dolor potencial de esta lesión y la dificultad de la persona afectada para luchar e incluso levantarse del suelo, podéis realizar esta sencilla prueba: tumbaros en el suelo e intentar poneros de pie. Tanto si os ayudáis de los brazos, como si no, advertiréis unos intensos latigazos en la estructura muscular circundante a las costillas.

Las costillas están conectadas con el esternón y con la espina dorsal. Los puñetazos convencionales e incluso el método de puñetazos verticales impactarán en dos o tres costillas a la vez; ahora bien, la estructura anatómica de las costillas como escudo protector expandirá la fuerza del impacto sobre la superficie a modo de muelle sin fracturarla. Sólo la aplicación de una gran fuerza masiva podrá fracturarla, pero será sumamente difícil conseguirlo en una confrontación real con un adversario en movimiento o en la distancia corta (y prácticamente imposible frente a un adversario de mayor envergadura).

Sin embargo, existen otros medios para conseguir resultados más efectivos. Girando el puño con un ángulo de 45° podréis impactar en una sola costilla y fracturarla con mayor facilidad. Para ello, la clave está en la posición del puño en el momento del impacto. En posición frontal, la curvatura de la estructura de las costillas ofrece distintos ángulos: en la zona dónde conectan con el esternón, en la región donde se alinean con el pezón, en la zona donde se unen con la espina dorsal. Como ya hemos mencionado, al golpear las costillas individualmente será más fácil fracturarlas, pero también podemos provocar otros efectos como son el desgarre del tejido que las une con la espina dorsal e incluso dañar la estructura del esternón.

Para golpear la zona comprendida entre el esternón y la línea del pezón, debemos colocar el puño con un ángulo de 45°, siguiendo el ángulo de la costilla que recibirá el impacto con la palma hacia abajo. La fuerza ha de aplicarse desde la parte superior de la costilla hacia abajo y hacia el centro del cuerpo. Potencialmente se puede dañar el tejido conector del esternón, aunque lo más probable es que se fracture la costilla en el punto más bajo de su curvatura.

Para golpear la costilla sobrepasando la línea del pezón hacia la espina dorsal, debemos cambiar el ángulo del puño. Mantendremos el ángulo de 45° pero con la palma hacia arriba para lograr mejores resultados. Más que fracturar la costilla el efecto más habitual es dañar la conexión con la espina dorsal, aunque ambas cosas son posibles.

Prácticamente todo el planteamiento del Kyusho se basa en el estudio de la anatomía humana para conocer las estructuras más débiles y aprender a atacarlas de modo eficaz, aunque debemos ser capaces de transmitir esta información a nuestros alumnos de modo claro y conciso. Cada estructura anatómica aloja algún Punto de Presión para incapacitar a un adversario; en consecuencia, en las primeras fases de la metodología del Kyusho el objetivo central es enseñar cuáles son estos puntos, cómo acceder a ellos, cómo presionarlos y cuáles son sus efectos. Los estudios más avanzados nos llevan al estudio de los objetivos múltiples, cuya eficacia aumenta enormemente.

**"Podemos causar disfunciones inmediatas
en tres procesos fundamentales
para mantener la vida si afectamos
directamente
al órgano que las realizan.
Nos referimos a la respiración,
la conciencia y la circulación"**

Red de Seguridad

Como en cualquier estructura, cuanto más sólida y segura sea la base, mayor será la estabilidad y consistencia de esa estructura en su conjunto. La comprensión o el conocimiento total acerca de algo deriva del análisis de todas las perspectivas posibles. No existe ninguna perspectiva que sea mejor o absoluta, éste es el error de quien sólo es capaz de entender las cosas desde su propio punto de vista, sin tener en cuenta el resto de las posibilidades. Cuando planteamos algo desde una única dirección, es imposible encontrar el equilibrio, limitándonos a nosotros mismos. Esto es aplicable a cualquier ámbito de la vida, pero en relación al Kyusho -que es lo que nos ocupa en este caso- para causar disfunciones más eficaces, también debemos aprender y ser capaces de reparar el daño causado, e incluso saber retroceder si se presentan dificultades. Sólo así nuestra perspectiva será completa y, en consecuencia, nuestro potencial será mayor. Se trata de aprender a curar, solucionar cualquier problema que pueda plantearse, encontrando el equilibrio que nos permita compensar las repercusiones, no sólo de cara a nuestro adversario, sino también a nosotros mismos.

Podemos causar disfunciones inmediatas en tres procesos fundamentales para mantener la vida si afectamos directamente al órgano que hace que se realicen. Nos referimos a la respiración, la conciencia y la circulación, sin olvidar que están interrelacionados en cierta medida y que sus funciones son interdependientes entre sí para mantener el equilibrio y la vida. De igual modo, tenemos que aprender a restablecer sus funciones, es decir, las técnicas de reanimación. Sin embargo, desgraciadamente con demasiada frecuencia al estudiar los métodos de reanimación de Kyusho, suele hacerse de pasada, sin aprenderlos en profundidad. Además, no debemos olvidar que tras el aprendizaje de las técnicas de reanimación subyacen todas las claves necesarias para que el Kyusho funcione. Es fundamental conocer el cómo y el porqué de esas reanimaciones, sus efectos, etc. y no sólo por razones de seguridad, sino porque sólo así el estudio del Kyusho es completo y profesional.

Respiración

En primer lugar hemos de saber en profundidad cómo se desarrolla el proceso de esta función vital. El pulmón es similar a una esponja y está lleno de diminutas burbujas o huecos (alvéolos).

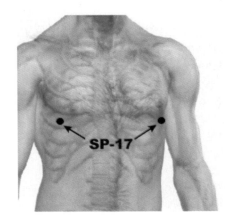

Alrededor de cada uno de ellos se estructura toda una red de vasos sanguíneos, que proporciona a los pulmones una gran superficie para transportar el oxígeno por nuestro cuerpo a través de la sangre, que después expulsaremos como dióxido de carbono.

La respiración se realiza gracias al diafragma, un músculo en forma de cúpula ubicado junto a la última costilla que divide el tórax y el abdomen. Un tendón central permite tres conexiones fundamentales: el apófisis xifoide, la superficie interior de las seis costillas bajas y desde la primera a la tercera vértebra lumbar. La parte más baja de los pulmones está adherida a la parte superior del diafragma, de modo que cuando se contrae, expande los pulmones aumentando su volumen para que entre el aire (inspiración). Cuando el diafragma se relaja, presiona hacia arriba, reduciendo el volumen de los pulmones y obligando al aire a salir al exterior (expiración).

Por ello, saber que el diafragma es el órgano fundamental en el proceso respiratorio es la clave para aprender cómo interrumpirlo y, consecuentemente, saber cómo restablecerlo. De hecho, la formación básica necesaria es tan sencilla como sorprendente: ¡basta con dar un puñetazo en el brazo! Existe un punto en el lado exterior del antebrazo, ubicado entre los músculos branquiorradial y el extensor carpo *radialis brevis,* a través del cual podemos acceder fácilmente al nervio radial. Para ello, hay que dar un golpe con los nudillos y golpear el nervio contra el hueso radial. Si dirigimos el golpe hacia el codo conseguiremos un resultado más eficaz. Cuando se golpea en este punto se produce una descarga eléctrica en el brazo (igual a la que se produce cuando nos golpeamos el hueso del codo) que converge hacia la espina dorsal y el cerebro y, de forma simultánea, diverge hacia otras partes del cuerpo, provocando un espasmo en el diafragma que le obliga a contraerse y llenar los pulmones de aire.

Tengamos una cosa en cuenta, en la práctica con nuestros compañeros de entrenamiento nunca interrumpiremos su respiración, sólo le provocaremos un shock suficiente para que sientan su efecto a menor escala.

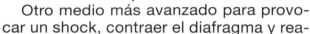

Otro forma de practicar esta técnica de reanimación es a la hora de remediar un problema común: el hipo. El hipo se produce porque el diafragma tiene espasmos que provocan contracciones agudas y, en consecuencia, la entrada rápida de aire en los pulmones. Para calmar los espasmos intentamos retirar el exceso de energía de la zona a través del mismo punto mencionado anteriormente, pero en esta ocasión la presión la dirigiremos hacia la mano, logrando así el efecto contrario, es decir, la relajación del diafragma y la eliminación del hipo.

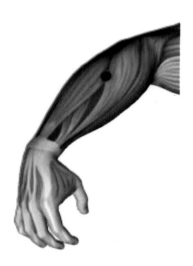

Otro medio más avanzado para provocar un shock, contraer el diafragma y reanudar el proceso respiratorio es utilizar la base de la mano para golpear el pecho en ángulo hacia los pulmones. Habrá que golpear un punto denominado Bazo 17 (SP-17) que se encuentra a ambos lados del cuerpo, cinco centímetros por debajo del pezón y cinco centímetros hacia la parte lateral del cuerpo. Este método se utiliza tras la aplicación de una técnica avanzada de noqueo Kyusho que haya provocado la interrupción de la respiración del individuo.

A través de las técnicas de reanimación aprendemos algunos elementos clave para la aplicación del Kyusho. Los Puntos de Presión se ubican entre los huesos, los tendones y los músculos por lo que, para acceder a ellos y causar el efecto que perseguimos, siempre hemos de sobrepasar correctamente estas estructuras protectoras. Con las técnicas de reanimación aprenderemos el ángulo correcto en cuanto a la dirección del ataque y la dirección de la transferencia de energía no sólo para infligir dolor o controlar la zona, sino para enviar un mensaje a través del sistema nervioso periférico a los órganos y las estructuras afectadas y, por tanto, a sus funciones asociadas. Nos ayudarán también a adquirir la práctica necesaria para dirigir la energía a través de un puño cerrado y, a su vez, aprender la dinámica adecuada del golpe. Un ejemplo: con la mano y el brazo excesivamente tensos la energía la retendrá quien la origina en lugar de liberarla hacia el adversario.

Conciencia

Reanimar a alguien que está inconsciente, pese a no ser tan poten-cialmente peligroso como no respirar, implica tener más cosas en cuenta. La más importante es que siempre hemos de asegurarnos de que la pérdida de conocimiento no se debe a una parada circulatoria o respiratoria sino a un shock del sistema nervioso.

El primer paso en el proceso de reanimación es flexionar las pier-nas de la persona y sentarla en la clásica posición del loto* para impe-dir el flujo de energía y la circulación a las extremidades inferiores, aliviando la tensión del cuerpo y del cerebro. Los brazos también se flexionarán por la misma razón, además de para evitar que interfieran en la aplicación de nuestra técnica de reanimación. Es muy importan-te sujetar correctamente la cabeza del individuo para no lesionar las vértebras del cuello, provocar algún traumatismo cervical o una con-moción cerebral, ya que cualquier persona inconsciente no tendrá control ni tensión en los músculos del cuello. Al colocarle en posición sentada, sujetamos y bajamos su barbilla para evitar el exceso del movimiento de la cabeza, mientras estiramos la parte posterior del cuello para aplicarle la técnica de reanimación. A continuación, daremos algunas palmadas en el nervio accesorio espinal, ubicado en los músculos situados a ambos lados de la espina dorsal. La presión de las palmadas dependerá de la profundidad del estado de incons-ciencia del individuo, pero nunca le golpearemos demasiado fuerte porque podríamos dañar el cuello en esta posición vulnerable. Las palmadas se administran siempre en el lado contrario al que fue atacado. (En este punto he de haceros un apunte muy importante: suponiendo que hubiera sido atacado por ambos lados, este tipo de reanimación siempre ha de dirigirse al lado contrario al que recibió el último golpe, o si fueron simultáneos al lado contrario dónde recibió el golpe más fuerte).

Para estimular el nervio correctamente, la palmada sobre el nervio accesorio espinal debe dirigirse hacia el centro de la cabeza. Si la per-sona no responde a la primera palmada, esperaremos un segundo antes de aplicar la siguiente, la cual ha de administrarse incrementan-do la fuerza ligeramente. (La pérdida de conocimiento puede durar desde uno o dos segundos a veinte minutos según la gravedad del ata-que. Si no se consigue la reanimación, los efectos secundarios pueden ir desde dolores de cabeza a nauseas u otros mucho más graves.

Las reanimaciones se efectúan para devolver el equilibrio energético del individuo a su estado normal, eliminando o al menos reduciendo la gravedad de estos efectos). Una vez que hemos conseguido despertar a la persona emplearemos distintos métodos para equilibrar su energía, asegurándonos de que no sufra ninguno de los efectos secundarios que acabamos de mencionar. Realizaremos masajes en los huecos del cuello, en el brazo, el cuerpo y la pierna si fuera necesario.

Un practicante de Kyusho puede provocar dos tipos de noqueos. El primero es el noqueo Yin y su efecto es la pérdida de la fuerza de los músculos de las extremidades y/o del torso provocando el desplome del individuo. El noqueo Yang provoca un efecto similar al que padece una persona electrocutada. Su cuerpo se arquea hacia atrás y se pone rígido al recibir una rápida descarga eléctrica. Este tipo de aplicación puede provocar en ocasiones la rigidez de una de las dos piernas, impidiéndonos flexionarlas como comentamos en la anterior postura de reanimación. Para doblar las piernas existen dos métodos básicos: el primero y más utilizado es golpear directamente la parte de atrás de la rodilla hasta que consigamos liberar la pierna y podamos doblarla. El segundo método consiste en presionar la línea central de la parte baja del abdomen hacia el pecho, lo cual debilitará y liberará la tensión de las piernas.

En Kyusho trabajamos tres niveles principales de pérdida del conocimiento o K.O.´s. El nivel I sería similar al K.O. técnico del Boxeo; el individuo permanece de pie pero mareado, con una pérdida de control corporal mínima. El nivel II provoca prácticamente un colapso corporal, con graves disfunciones mentales y visuales. Y finalmente, el nivel III, supone la pérdida total del conocimiento, con falta de visión y de funcionalidad mental y física. Generalmente no es necesario aplicar el nivel III, además casi nunca lo practicamos por razones de seguridad. Incluso en un altercado real no es aconsejable dejar al adversario totalmente inconsciente, ya que una caída descontrolada podría causar "Daño o Lesión Observable" y podría utilizarse ante un Tribunal. En los golpes hay que buscar sólo la incapacitación.

Con esta técnica de reanimación aprenderemos el ángulo y la dirección adecuados para enviar la energía a través de un golpe con la mano abierta, cómo fluye la energía por el cuerpo y cuáles son sus efectos al entrar la energía directamente en el sistema nervioso central y el cerebro, en lugar de canalizarla a través del sistema periférico del tejido nervioso.

Circulación

La reanimación cardiaca es fundamental en el aprendizaje del Kyusho. Una buena amiga mía salvó a su propio hijo en un evento deportivo y otro amigo, bombero, ha empleado ya tres veces esta técnica en situaciones de emergencia. Quizás sea la técnica de reanimación más importante de todas; a fin de cuentas, todos conocemos a alguien de nuestro entorno cercano que ha sufrido un ataque al corazón. La técnica** que nosotros aplicamos es más rápida y el potencial de riesgo es menor en comparación con otros métodos estándar.

Si durante la aplicación del Kyusho el corazón del individuo se ha parado debemos reanimarle rápidamente para que recobre su funcionamiento normal, que es vital para el individuo. En primer lugar hay que sentar al individuo en la clásica posición del loto* al igual que en la reanimación de la conciencia, pero por una razón ligeramente distinta. Cuando el cuerpo está estirado, especialmente las piernas, es necesario incrementar el flujo sanguíneo para irrigar la estructura muscular, lo cual exige al corazón un bombeo más rápido. Al flexionar las piernas, la cintura y los brazos, el corazón trabajará menos ya que se reducirá la masa muscular y, en consecuencia, la cantidad de sangre necesaria.

Para realizar la técnica de reanimación utilizaremos un Punto de Presión ubicado en la espalda, entre el omóplato y la espina dorsal, dos dedos por encima de la base de la escápula. En Acupuntura se le denomina Vejiga 13 (BL-13). Un apunte importante: sólo deberíamos trabajar este punto con la mano derecha, presionando hacia la parte lateral derecha del cuerpo. Esto encuentra su explicación en ciertas peculiaridades del cuerpo humano como son la acción refleja del extensor (que ya hemos mencionado) y en menor medida, la inclinación del corazón. El lado izquierdo del cuerpo humano es el doble de débil, susceptible y vulnerable ante un ataque que el lado derecho, ya que el corazón está inclinado hacia esa dirección. Esto podemos observarlo claramente en una exploración médica; de hecho, la mayoría de los electrocardiogramas, electroencefalogramas y otras pruebas que requieren la utilización de cables demuestran que los intercambios o comunicaciones de energía son más directos y abiertos en el lado izquierdo de nuestro cuerpo.

Al emplear esta técnica de reanimación utilizamos la base de la mano derecha para golpear hacia arriba y hacia el corazón.

La pequeña superficie ósea de las costillas pinchará un nervio intercostal contra la costilla superior que envía un estímulo al pecho y, más concretamente, al corazón. Al igual que en el caso del diafragma, este estímulo provoca una contracción que reactiva el ritmo normal del corazón, produciéndose el mismo efecto que provocan los desfibriladores médicos. Aunque el shock eléctrico sea impactante y algo incómodo, no es nada comparado con la sacudida contractora del músculo que proporciona el desfibrilador externo tradicional, ya que nosotros afectamos al nervio provocando una reacción directa en el corazón en lugar de enviar la electricidad a través de los músculos y el resto de las estructuras del cuerpo. Al golpear en el lado derecho, la acción refleja extensora del cuerpo tiende a fortalecer y a apoyarse en el lado opuesto para ajustar y restablecer el equilibrio.

Si el individuo responde no es necesario realizar ninguna otra acción posterior. En caso contrario es necesario repetir la técnica, provocando un estímulo mayor. Eso sí, como precaución esperaremos uno o dos segundos entre golpe y golpe para no estimular en exceso el corazón y/o el sistema nervioso.

Esta técnica de reanimación nos facilita un análisis más sobre la aplicación de las técnicas del Kyusho en el ángulo y la dirección adecuados para enviar la energía hacia un determinado órgano a través de un golpe con la mano abierta. Nos enseña, además, cómo fluye la energía por el cuerpo y cómo conducirla directamente al sistema nervioso central para acceder directamente a un órgano principal y restablecer su funcionamiento.

Una vez más el estudio y la comprensión profunda de este primer nivel no sólo es sólo esencial para garantizar la seguridad y el bienestar de nuestros compañeros de entrenamiento, sino también para estar más preparados a la hora de acceder al siguiente método destructivo.

Esta posición permite que la base del torso o perineo entre en contacto directo con el suelo como punto de transferencia de energía.

**Legalmente esta técnica no está aceptada y con este apartado no pretendemos inducir a que nadie sustituya los métodos tradicionales de reanimación por la aplicación de esta técnica. Es una mera información que dirigimos a los practicantes de Kyusho y ha de entenderse como una parte más de su entrenamiento integral de Kyusho.

La Ley y la Seguridad

La aplicación del Kyusho-Jitsu al servicio de las Fuerzas de Seguridad mejorará su rendimiento, capacidad y eficacia, al tiempo que incrementará la seguridad de sus miembros en el ejercicio de su profesión. Al margen del método que apliquen regularmente, el Kyusho-Jitsu les proporcionará más recursos para controlar a los delincuentes, manteniendo en todo momento el control de la situación y sin provocarles lesiones físicas, evitando así posteriores denuncias.

Las Fuerzas y Cuerpos de Seguridad, el personal sanitario, así como muchos otros efectivos que garantizan el cumplimiento de la ley utilizan el Kyusho desde hace muchos años. Hemos realizado pruebas experimentales en las que se demuestra reiteradamente la capacidad de este importante método para sobrevivir a situaciones extremas. La cuestión ya no radica en defender si funciona o no, sino en cómo aprender este método sencilla y eficazmente. Si recurrimos a un argot sofisticado o si lo mezclamos con el aprendizaje de un Arte Marcial sólo lograremos más frustración y apatía en sus alumnos potenciales.

La verdadera belleza del Kyusho como metodología de estudio se establece en su propia estructura organizada en distintos grados según las necesidades de la situación o los límites de la persona. Estos grados son tan versátiles que pueden utilizarse bien para ejercer el control por parte de los agentes de la seguridad en su justa medida o bien para incapacitar, ofreciendo incluso soluciones letales en conflictos militares. Actualmente los agentes encargados de hacer respetar la ley, los funcionarios de prisiones, el personal de seguridad e incluso el personal médico de urgencias de todo el mundo están comprobando que los Puntos Kyusho aportan seguridad de forma no abusiva o prohibitiva.

Si existiera una forma de incrementar la fuerza o añadir un poder devastador a vuestras habilidades ¿por qué no utilizarlo? Al principio el Kyusho se presentó como algo confuso, un método rompedor, un Arte Marcial expresado en términos incluso más complejos que los empleados en Acupuntura o en medicina. Pero lo cierto es que no son necesarias todas esas complejas prácticas para enseñar el Kyusho-Jitsu de forma eficaz y además se puede recurrir a un enfoque mucho más sencillo para todos aquellos cuya profesión sea salvar vidas. Se trata de aprender a manipular una serie de puntos

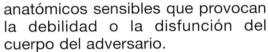

anatómicos sensibles que provocan la debilidad o la disfunción del cuerpo del adversario.

El principal problema al que se enfrenta este colectivo es el respeto a la legislación establecida y casi siempre limitadora del uso de la fuerza. Cada vez más frecuentemente escuchamos el calificativo de lo "políticamente correcto", en apariencia justo pero que casi siempre supone un límite a nuestra seguridad. Cuando nos encontramos ahí fuera con un montón de maniacos que no tienen ningún reparo ni remordimiento para herir e incluso matar a aquellos que defienden la ley, necesitamos un apoyo. Utilizar los Puntos Kyusho no provoca ninguna lesión o huella física que pueda describirse en términos jurídicos como abusiva y, sin embargo, ayudan a controlar eficazmente a un individuo más fuerte, malvado e incluso demente.

La viabilidad de aplicar el Kyusho a quienes se encuentran bajo la influencia de las drogas es una cuestión que siempre se nos plantea y que se ha probado en múltiples ocasiones. Las conclusiones son éstas:

El **efecto del alcohol** es reducir la sensibilidad al dolor, de modo que utilizar los puntos que producen dolor

no es la respuesta, ahora bien sí podemos afectar la mente al frotar los puntos receptivos a este tipo de estimulación, ya confusa de por sí bajo la influencia del alcohol.

El **PCP** disminuye la percepción del dolor en la parte superior del cuerpo y la cabeza, mientras que las piernas y especialmente la parte interior de las mismas se vuelve más vulnerable, de forma que es precisamente en esa parte en la que hemos de centrarnos para controlar a estos individuos más eficazmente.

Las **anfetaminas** y los **estimulantes** elevan el ritmo cardiaco y la presión sanguínea provocando agitación nerviosa y tensando los músculos. Afectar a los puntos que son debilitados por un músculo próximo, tensando la estructura del nervio como la cuerda de una guitarra es el área de actuación más eficaz.

Ante un conflicto o una situación que provoca estrés hemos de evitar recurrir a técnicas complejas debido a los efectos que provoca la adrenalina en nuestro cuerpo. Tanto los movimientos dependientes de nuestras habilidades motoras e incluso aquellos que exigen una visión clara fracasarán en situaciones de tensión extrema. En estos casos, hemos de recurrir a métodos sencillos que requieran pocos y pequeños movimientos a través de métodos táctiles. Al utilizar los Puntos de Presión no cambiamos los métodos, sólo el emplazamiento de los objetivos sobre los que actuar.

El objetivo fundamental de los instructores internacionales de Kyusho Internacional es trabajar para ofrecer a las Fuerzas y Cuerpos de Seguridad las mejores herramientas para defenderse y que resulten más eficaces para proteger a nuestra sociedad. A fin de cuentas enseñar los beneficios del control e incluso de incapacitación no-invasora (si fuera necesario) nos ayudará a todos.

Quiero aprovechar esta ocasión para agradecer al agente Joe Lamb la demostración de algunos de sus métodos de control no-invasor empleando los Puntos de Presión, así como extender nuestro más sincero agradecimiento a la Oficina del Sheriff de Middlesex por el esfuerzo dedicado a este proyecto.

Grappling Mejorado

Al estudiar anatomía humana adquiriréis conocimientos acerca de cómo someter a vuestro adversario más rápida y eficazmente.

El empleo de los Puntos de Presión en grappling supone un nivel más alto en la formación de Kyusho, pero merece la pena hablaros de ello porque mejorará vuestro rendimiento y capacidad, independientemente del agarre o del escape que intentéis aplicar. Contaréis con más opciones no sólo para incapacitar a vuestro adversario, sino también para aumentar su sobrecarga emocional.

Si sufre un shock repentino y doloroso, cambiará su postura original y su cerebro tardará un tiempo en reconocer lo que ha sucedido, lo cual os da la oportunidad de haceros con el control de la situación, ofensiva o defensivamente. Si continúa recibiendo estas descargas de dolor agudo llegará un momento en el que empiece a estremecerse sólo ante el mero hecho de percibir indicios de una nueva aplicación técnica sobre él. Con 361 puntos para elegir siempre tendremos alguno disponible y además el adversario nunca podrá adivinar nuestra intención o lo que buscamos.

En este apartado abordaremos la conocida estrangulación o "asfixia por detrás", un movimiento que se enseña en todas las Artes Marciales, además de la manipulación de los Puntos de Presión colindantes para iniciar o mejorar la técnica. Para ello, supongamos que os encontráis frente a un luchador o a un grappler experimentado, en cuyo caso sabrá cómo protegerse la garganta manteniendo la barbilla agachada. Si es muy bueno además tropezaréis con su hombro, mientras intenta manteneros alejados de ciertos puntos. Aún así no podrá protegerlos todos. Podréis acceder al Triple Calentador 23 (TW-23), ubicado en el extremo de la ceja, si lo frotáis rápidamente en dirección al ojo, los músculos de su cuello se relajarán y su cabeza se

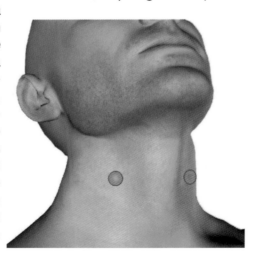

inclinará hacia atrás dejando el cuello expuesto, de forma que podréis deslizar vuestro brazo y colocarlo en posición de ahogamiento.

Ahora bien, tenéis que tener en cuenta que la práctica de la asfixia por detrás en Kyusho interrumpe el flujo sanguíneo en lugar del flujo de aire. La interrupción del flujo sanguíneo sólo tarda unos segundos en dejar inconsciente al adversario, mientras que la del flujo de aire puede tardar más de un minuto; tiempo durante el cual hay que controlarle mientras se resiste y pelea por su supervivencia. La interrupción del flujo sanguíneo es mucho más eficaz por tanto, ya que sólo se necesitan 5 ó 6 segundos para que surta efecto. Al presionar el punto Estómago 9 (ST-9) ubicado en el cuello justo encima del seno carótido, debilitaremos al adversario de forma instantánea y le controlaremos hasta que pierda el conocimiento. Este punto puede activarse mediante frotamiento, presión o golpe y en dos direcciones para provocar efectos distintos, razón por la cual merece ser bien estudiado para que podáis incorporarlo a muchas de vuestras técnicas.

Al presionarle con un ángulo de 45° hacia el centro de la cabeza el adversario intentará arquear su cuerpo hacia atrás, lo cual le hará subir los brazos pudiendo alcanzarnos en la cabeza y/o en la cara. Sin embargo, si presionamos hacia abajo, con un ángulo de 45° hacia el centro del cuello, debilitaremos todo su cuerpo e involuntariamente dejará caer sus brazos. De este modo nos hacemos con el control instantáneamente, manteniéndolo fácilmente hasta que la estrangulación surta efecto*. Además este punto puede golpearse mientras ejecutamos el agarre y sus efectos son: pérdida del control, mareos y posiblemente pérdida de conocimiento. En este caso se requiere una mayor habilidad para aplicarlo, pero si practicáis poco a poco os resultará mucho más sencillo.

Desde el grappling en pie también podemos debilitar al adversario presionando con uno o ambos pulgares el Estómago 9 (ST-9). Una vez más si presionamos hacia arriba, el adversario elevará y arqueará el cuerpo (hacia arriba y hacia atrás) para intentar un barrido o un lanzamiento rápido. Ahora bien, si ejercemos la presión hacia abajo sus piernas se debilitarán, doblará su cuerpo y facilitará la aplicación de una estrangulación tipo guillotina (y sí, incluso en esta posición podremos provocar la interrupción del flujo sanguíneo). Si utilizamos un pulgar afectaremos a ese lado; al presionar con los dos al mismo tiempo afectaremos a ambos lados; si con uno presionamos hacia arriba y con el otro hacia abajo se girará hacia la derecha y podremos ejecutar la estrangulación por detrás.

En el caso de que intervenga una tercera persona (sea civil o un agente de la ley y el orden) para intentar separar o controlar al agresor, puede aplicarlo desde detrás empujándole hacia arriba y hacia fuera. Nada más golpear este punto los efectos, como hemos dicho, son inmediatos: pérdida del control del cuerpo, mareos, nauseas, dolor de cabeza e incluso pérdida del conocimiento. De manera que sólo aprendiendo cómo manipular este punto se os abren múltiples posibilidades y aplicaciones haciéndoos mucho más eficaces.

En Kyusho aprenderéis a incapacitar el sistema nervioso, sanguíneo y respiratorio. ¡Esto llevará a vuestro Arte a niveles mucho más profundos!

Al aplicar una estrangulación interrumpiendo el flujo sanguíneo siempre hay que hacerlo con cautela. Para ello, debéis tener en cuenta estas observaciones:

1. La interrupción del flujo sanguíneo aumenta el riesgo de infarto en el momento de la aplicación y es bastante probable que también después.

2. Si el adversario pierde el conocimiento, nunca le dejéis boca abajo, podría asfixiarse.

3. Aprender correcta y completamente todas las técnicas de reanimación antes de aplicarlo.

"El proceso de aprendizaje
del Kyusho inicia al principiante
en primer lugar en el aspecto curativo y
reconstituyente de este Arte.
Nunca se debería permitir practicar o
avanzar en el entrenamiento a ningún
alumno sin conocer esta información"

Aprender el Método

El Kyusho tiene varios siglos de antigüedad, pero aún así una nueva fase de este sistema, secreto en su día, acaba de emerger a los ojos del público desde estos últimos veinte años. Como es natural a lo largo de todo este tiempo son muchos los han empezado a enseñar y acercar este Arte a sus alumnos. Los enfoques de su enseñanza son tan diversos como los instructores mismos y aunque resulta atractivo y el material es lo bastante amplio como para adaptarse a cualquier estilo o método de instrucción, no ha dejado de resultar tremendamente confuso para el alumno potencial. En los próximos años no cabe duda de que surgirán más métodos de instrucción de Puntos de Presión, de modo que, tras una previa valoración y cuantificación de todo lo existente, parece necesario establecer un método estándar.

Con esta perspectiva se ha fundado la organización Kyusho International™, cuyo objetivo prioritario es establecer una pauta global a la hora de trazar una metodología de instrucción segura, práctica y con garantías. Como os podéis imaginar, muchos desaprensivos aseguran saber Kyusho/Dim Mak/Dim Hsueh, etc. y lo enseñan sin estar cualificados para ello o siendo meros principiantes. Sin ninguna entidad de control, detectar quién está cualificado y quién no es muy difícil; hasta la fecha, prácticamente imposible.

La Fundación de Kyusho International se basa en la experiencia real de la aplicación y de la instrucción de este Arte a escala internacional y se ha llevado a término a partir de las necesidades, las preocupaciones y los éxitos de miles de personas con el firme compromiso de mejorar y avanzar durante un período de siete años. En sus cuatro primeros meses de andadura la aceptación ha sido extraordinaria y masiva. Ya se ha expandido a siete países: Estados Unidos, España, Inglaterra, Costa Rica, Australia, Italia, Canadá; mientras que en Méjico, Las Bermudas, Chile y Francia, entre otros ya están trabajando en ello. Cuenta con algunos de los instructores más respetados y especializados del mundo, trabajando codo con codo en este proyecto común. En este proyecto, vosotros, los artistas marciales, sois el objetivo, a vosotros va dirigido ya que sois el elemento más importante en el proceso de aprendizaje, vuestra educación es la clave y el motor que lo impulsa.

Debéis de tener en cuenta que, desde la primera clase o seminario ya tenéis que haber aprendido algo; en caso contrario no habéis elegido un curso a la altura de la metodología estándar. La teoría es necesaria, es una clave magnífica para la innovación y es la base de la práctica, pero sin la práctica no es posible avanzar, ni mejorar. Independientemente del estilo, cualquier Arte Marcial ha de incorporar una metodología para entrenar y aprender sin que se preste a confusión.

El proceso de aprendizaje del Kyusho inicia al principiante en primer lugar en el aspecto curativo y reconstituyente de este Arte. Nunca se debería permitir practicar o avanzar en el entrenamiento a ningún alumno sin conocer esta información, que además es vital a la hora de restablecer la funcionalidad del órgano afectado. Sin embargo, en la enseñanza del Kyusho se advierte cierta ligereza en relación a este asunto, existe cierta desatención o falta de preocupación acerca de esta cuestión, la cual no sólo constituye el aspecto más humano e importante de este Arte, sino que es la clave para que todo funcione. Incluso cuando se enseñaba, el nivel de comprensión y de aptitud era mínimo y, en algunos casos, hasta incorrecto. Se hacía desesperadamente necesario fijar unas pautas y un sistema de certificación en esta parte del entrenamiento.

En este punto permitirme un inciso, si contactáis con un instructor de Kyusho/Dim aseguraos de que esté reconocido y titulado para aplicar las técnicas de reanimación por una organización internacional. Esta cuestión que, tantas veces se pasa por alto, es vital para vuestra seguridad, comprensión y aprendizaje del Arte.

La siguiente fase es el aprendizaje de un método de Defensa Personal con el que el alumno trabaje y se sienta seguro a la hora de aplicarlo. La sociedad moderna impone la necesidad de enfocar el entrenamiento de la Defensa Personal buscando la aplicabilidad y la eficacia en un corto periodo de tiempo, no a través de un programa de estudio prolongado. No es necesario perderse en aprender complicadas relaciones de energía, movimiento y terminología; siempre que proporcionemos al alumno un solo motor para la aplicación de su habilidad y trabajemos la eficacia, haremos de su capacidad algo más viable y valioso de inmediato. Complicar la información para que el alumno se vea obligado a estudiarla una y otra vez para comprenderla o poder utilizarla en una situación real, es irresponsable y carece de profesionalidad. Enseñar materia que está por encima de la capacidad del individuo sólo satisface el ego de su instructor y resulta contra producente para aquellos que no estén preparados. Los instructores tienen la obligación moral de transmitir la información de modo seguro, correcto y responsable, con profesionalidad y siempre en función del alumno, nunca a la ligera o como un capricho personal.

El Kyusho es un método que se aplica sobre las áreas más débiles del cuerpo humano. Siempre que se enseñe con rigor y seriedad puede incorporarse a cualquier sistema de forma inmediata, independientemente de que éste se base en las patadas, los puñetazos o el grappling. La fijación de una metodología estándar permitirá mejorar las Artes, mientras nos adentramos en esta nueva era de la instrucción personal.

Ataques a los Puntos de Presión del cuerpo

Una de las áreas del Kyusho más letal es, a la vez, la más difícil de trabajar, ya que la sabia naturaleza ha procurado la protección necesaria para salvaguardar nuestros órganos internos. Para impactar en los objetivos precisos y correctos en una situación de combate real es necesario alcanzar un nivel de excelencia en la práctica del Kyusho a partir de un estudio serio y concienzudo. Las estructuras anatómicas protectoras del cuerpo humano son sumamente móviles y ante un ataque todo nuestro cuerpo (las piernas, los brazos, la cabeza, los hombros y el torso) las protegen rápida e instintivamente. Si a esto le sumamos otros factores como son el movimiento, el exceso de peso o la masa muscular, podréis comprender por qué este nivel exige mucho más tiempo de estudio y práctica para trabajar en él correctamente.

El torso es una compleja combinación de hueso, cartílago, tendones, músculos, grasa y piel que fue diseñado para permitir la máxima adaptabilidad y protección. El primer nivel de protección de los órganos vitales está compuesto por la piel y las capas de grasa. La primera está conectada a las estructuras musculares a través de una membrana fina y muy flexible, que evita una conexión más directa y concentrada en cualquier contacto; mientras que las capas de grasa actúan a modo de amortiguador. En un impacto contra cualquier estructura de la espalda la posibilidad de afectar a los nervios se reduce debido a la alta movilidad y densidad de su superficie.

En cuanto a los músculos del torso, además de permitir el movimiento y el control, aportan capas de amortiguación a las estructuras subyacentes en algunas áreas. El músculo pectoral, el dorsal y el abdominal son muy grandes y si se fortalecen incrementan la profundidad del tejido haciendo la estructura más compacta y aún más protectora. Del mismo modo, al contraer un músculo aumenta su densidad y su potencial de protección, cubriendo los nervios y aliviando la tensión de los órganos internos, por lo que se dificulta el efecto de penetración en una superficie con más tejido.

El cartílago y el hueso de la estructura de las costillas actúa como un mecanismo de absorción y transferencia de energía. Las costillas son redondeadas y su ángulo dispersa el impacto directo o la compresión de una forma similar al arco de un puente que reparte su peso en la base. Los huesos duros están unidos por el cartílago, cuya flexibilidad permite una mayor absorción de shock y la transferencia de una conmoción inducida.

Incluso la composición blanda y la flexibilidad de los propios órganos se adaptarán y harán los ajustes necesarios para proteger su funcionalidad. Con todo, si a estas capas estructurales exteriores le sumamos el movimiento suave y flexible del cuerpo para absorber el impacto y la movilidad de las extremidades (distintas posiciones del brazo en todos los ángulos y ajustes de distancia con las piernas), del torso e incluso de la cabeza que se mueve de modo natural para mantener el equilibrio de los movimientos del cuerpo comprenderéis que salvar estos "obstáculos" protectores tiene mucha miga.

A pesar de ello, no sólo es posible, sino que además podemos causar graves daños internos. En lugar de aplicar los métodos de fuerza tradicionales, el practicante de Kyusho aprende la localización, los ángulos y los métodos para superar estas estructuras protectoras y afectar a los nervios relacionados, e incluso al órgano mismo.

En primer lugar, estudiaremos las herramientas necesarias para luchar eficazmente contra las barreras protectoras de nuestro cuerpo, como son las palmas, los puños, los codos, las piernas o los pies. Si se utilizan los nudillos (utilizados también en otras Artes), las puntas de los dedos, los huesos de la muñeca o ciertas partes del pie, la fuerza dejará de ser el factor clave. Además, al eliminar otros factores como son el alcance del movimiento y la velocidad, el movimiento será mínimo y permitirá reducir el tiempo de reacción y la movilidad del adversario para protegerse.

El sistema nervioso es, junto con el sistema endocrino, el rector y coordinador de todas las actividades, conscientes e inconscientes del organismo. Sus unidades periféricas (órganos internos u órganos de los sentidos) aportan gran cantidad de información a través de los "cables" de transmisión (nervios) para que el cerebro, procese los datos y permita, entre otras cosas el funcionamiento de los órganos.

Los impulsos nerviosos dirigidos desde los nervios hasta el cerebro para que funcionen los órganos, viajan por la columna vertebral dividiéndose en ramificaciones en cada una de las vértebras y/o espacios intercostales a través de todo el torso. Las ramificaciones nerviosas no sólo se extienden por las costillas y el resto del cuerpo sino que también atraviesan todos y cada uno de los órganos internos haciendo que funcionen continua y eficazmente. En cada uno de estos espacios intercostales existe una vena, nervio o arteria que nos facilita la ruta de acceso al funcionamiento de los órganos. Como ya hemos mencionado a lo largo del libro, los Puntos de Presión son áreas desde donde podemos acceder a las capas protectoras y manipular una sección de nervio más directamente y, a su vez, las funciones internas del individuo. Utilizar pequeñas herramientas o armas especiales para acceder a estos puntos ubicados entre los músculos, los tendones y los huesos en el ángulo correcto debilitará o, al menos, afectará la fuente de la energía de los órganos. Por esta razón los antiguos Maestros trabajaban el Makiwara para desarrollar los nudillos y mejorar la habilidad de penetración.

El practicante de Kyusho ha de estudiar algunos de los puntos más avanzados para afectar la conexión directa entre el sistema nervioso central y los mismos órganos a través de los puntos de la espalda que corresponden a los Meridianos de Acupuntura (Meridiano de la Vejiga). Sin embargo, hay que ser muy consciente de que las lesiones en esta zona pueden ser muy graves e incluso permanentes, por lo que hay que extremar la atención al golpear estos puntos ya que podríamos dañar la columna provocando la disfunción completa de la estructura corporal. Los nervios salen de la columna y al golpearlos en el ángulo correcto (cada uno tiene un ángulo de acceso específico) podemos pinzarlos contra una superficie ósea provocando un fuerte impulso nervioso hacia el sistema nervioso central. Si los golpeamos correctamente, provocamos que una gran parte del flujo de energía no llegue a los órganos y, en consecuencia, un fallo en su funcionamiento.

Si golpeamos esos puntos desde la parte lateral o frontal del cuerpo, tendremos mayor acceso y muchas menos probabilidades de causar un daño físico observable. De este modo los efectos que podremos provocar serán: dolor, disfunción, pérdida de control corporal, bajada de la presión sanguínea, nauseas y alteraciones del conocimiento.

Al golpear un único punto correctamente podremos poner fin al conflicto; sin embargo, los puntos múltiples causarán una mayor disfunción y amplificarán el efecto. Podemos recurrir a muchas posturas de la mano procedentes de las Katas antiguas utilizándolas como posturas ofensivas en lugar de defensivas (en su origen) de diversos modos.

Si se golpean los puntos del brazo antes que los puntos de cuerpo, el impulso nervioso viaja por la columna donde simultáneamente se transmite al cerebro, a través de un proceso denominado convergencia y a otras áreas corporales a través del proceso de divergencia. Con el proceso de divergencia los nervios y los órganos relacionados se vuelven más sensibles, de forma que cuando son atacados directamente a través de un golpe dirigido al órgano o al nervio correspondiente, la disfunción es mayor y el daño inmediato.

Por el contrario, si atacamos correctamente un punto corporal, primero el impulso se envía al órgano, después a la columna (a no ser que se golpee un punto de la columna y el impulso se transmita directamente al sistema nervioso central antes que al órgano), donde converge con el

cerebro afectando a muchas otras partes del cuerpo y de la cabeza. De manera que atacando un punto del cuerpo con una mano debilitamos el cuello y los brazos para preparar un ataque posterior.

Asimismo golpeando múltiples puntos del cuerpo obtendremos el máximo efecto posible. Al golpearlos simultáneamente, la disfunción es severa e inminente (según la habilidad y la dureza del ataque). Nuestro cuerpo busca siempre el equilibrio de forma que si hay exceso de carga energética la traslada a otras áreas para autoprotegerse y autoconservarse. Es bilateral, de forma que todo lo que suceda a un lado del cuerpo y afecte a los nervios de ese lado de la columna vertebral, se refleja en el otro lado. Por ejemplo, si atacamos el hígado a través de un Punto de Presión, el efecto no sólo afectará al órgano, sino que convergirá y divergirá hacia otras áreas del cerebro y del cuerpo. Ahora bien, si atacamos dos puntos simultáneamente en ambos lados del cuerpo, los impulsos convergen desde ambos lados del cerebro y del sistema nervioso.

La manipulación de los puntos del cuerpo exige precaución, sentido común y experiencia ya que puede ocasionar graves lesiones. Nosotros os acercamos las posibilidades que ofrece el Kyusho a título informativo y nuestro consejo es que nunca lo pongáis en práctica sin tener un nivel avanzado.

En la línea central delantera del cuerpo existen varios puntos muy potentes y de fácil acceso ubicados entre las dos secciones abdominales (en particular uno de ellos ilustra muy bien algunos de los principios que hemos mencionado). Empezaremos por el plexo solar, ya que para la mayoría de vosotros es un punto de referencia con el que estáis familiarizados y en el que también os habrán golpeado alguna vez durante vuestro entrenamiento con algún compañero. Un golpe directo sobre este punto dificultará la respiración y resulta muy doloroso y debilitador debido a los espasmos musculares del diafragma y del resto de los músculos de la zona. La concentración de tensión muscular también resta fuerza a otros músculos y debilita sistemáticamente toda la estructura corporal. Sin embargo, existe un modo aún más directo de atacar este punto para que la disfunción sea mayor y el dolor mucho más agudo. Si se golpea con una superficie pequeña, como un nudillo en un ángulo de 45° enviaremos un impulso directo al sistema nervioso. El golpe con el puño impactará sobre todo en la superficie más externa de los músculos y las costillas lo cual provocará la contracción de la estructura muscular de alrededor, aumentando la densidad y, por tanto, la protección. Al emplear un solo nudillo golpearemos el nervio con una superficie menor y enviaremos el impulso directamente a la cavidad corporal y al órgano interno. Evitando la costilla y la estructura muscular los músculos se relajaran, en lugar de contraerse cuando el ataque afecta a una zona más amplia. De este modo, no sólo se provocarán los efectos mencionados anteriormente, sino que el dolor alcanzará también a la espalda, a la parte baja del abdomen y a las piernas. El dolor será muy intenso, la contracción del diafragma provocará problemas respiratorios, pérdida del control de la vejiga, disfunción de los músculos de las piernas y se alterará el estado de la conciencia. Por tanto, para conseguir el máximo efecto no sólo es importante el emplazamiento del objetivo, sino el ángulo del ataque y el arma corporal elegido.

Pese a lo poderoso que pueda parecer, es posible intensificar sus efectos atacando los puntos del brazo antes de atacar el plexo solar. Como mencionamos antes, el nervio del brazo envía impulsos nerviosos a la columna generando simultáneamente un proceso de convergencia hacia el cerebro y el de divergencia hacia los nervios periféricos, alterando por tanto el sistema nervioso central y el sistema periférico doblando o triplicando sus efectos.

Este proceso intensificará también todos los golpes y efectos sobre los nervios de la cabeza. De forma que si golpeáis al adversario en el Estómago 5 (ST-5), los efectos (de por sí impresionantes) serán mucho mayores después de que el impulso nervioso converja con la columna tras el ataque al plexo solar, hacia el cerebro, estimulando todos los nervios craneales.

En un conflicto más peligroso puede combinarse con otro punto corporal que provoque ramificaciones y efectos más graves incluso. Justo al mismo nivel que el plexo solar se encuentra un punto llamado Bazo 21 (SP-21) ubicado en el punto medio entre la parte frontal del cuerpo y la espalda. Golpeando en su parte lateral con un nudillo y haciendo un pequeño giro al impactar sobre él logramos pinzar el nervio intercostal.

También podéis emplear cualquier combinación, atacando los puntos de los brazos o los ataques múltiples al cuerpo para intensificar sus efectos. Por ejemplo, si os asaltan y respondéis con un golpe a los nervios del brazo, adelantad el cuerpo, realizad un golpe doble y el efecto será devastador.

Interrumpir el funcionamiento normal de un órgano puede provocar disfunción, toxicidad, fatiga y afectar a una o varias funciones del cuerpo. Si no se trata los efectos a largo plazo pueden agravarse; no en vano estamos ante el método más utilizado y admisible, responsable de las leyendas acerca del "Toque de la Muerte Retrasada".

Una vez más hay que ir al origen, no basta con quedarse en la superficie.

"Al golpear los Puntos de Presión desde la parte lateral y frontal del cuerpo tendremos mayor acceso y muchas menos probabilidades de causar un daño físico observable"

Kyusho-Jitsu ¿para niños?

Actualmente los niños son atacados desde muchos frentes, han de soportar la presión de sus compañeros, los chantajes de los gamberros; forman pandas, se aventuran en lo desconocido y son el objetivo principal de los secuestros. En los tiempos que vivimos hay que enseñar a un niño en todos los niveles para que esté alerta y vigilante ante un ataque personal. Los niños y las mujeres jóvenes son constantes objetivos de maníacos y depredadores sexuales. Crímenes, cada vez más numerosos, que están acabando con estas jóvenes vidas a través del asesinato o de años de agonizante tortura mental por los recuerdos vividos. Así las cosas, ¿por qué no enseñarles algo que podría salvarles la vida o evitar toda una vida de temor, remordimiento y disfunción social? De hecho, conscientes de esta situación, comienzan a aprender Kyusho para defenderse.

Hasta la fecha se han publicado tres historias donde se expone que el Kyusho ha salvado a dos muchachas y a un niño de pasar a formar parte de la estadística de víctimas de la violencia y de que sus familia y amigos los perdieran para siempre. Uno de estos casos fue el de una joven que caminaba por su barrio cuando un delincuente se le echó encima para intentar secuestrarla. Al atacar los puntos que le habían enseñado de pequeña, su agresor perdió el conocimiento y ella se salvó (había entrenado durante 3 años aproximadamente).

Otra chica volvió a su colegio mayor para empezar el curso tras las vacaciones. Se dirigía hacia su habitación y la atacaron por la espalda en el pasillo de su propio colegio mayor. Ella también logró dejar inconsciente a su agresor antes de salir corriendo en busca de ayuda (llevaba entrenando cuatro años aproximadamente).

En el tercer caso, un niño de 11 años se dirigía a su casa desde el parque, cuando

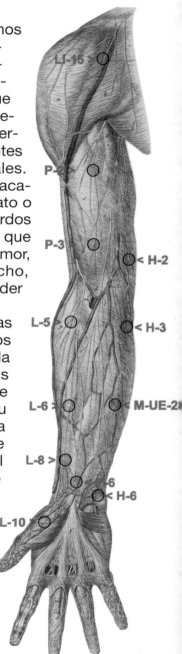

un delincuente le agarró fuertemente por el brazo intentando arrastrarle. El niño consiguió golpearle en el Pericardio 2 (marcado en la ilustración como P-2), el primer punto que enseñamos en Kyusho International, dejándole el brazo completamente inutilizado. Mientras el agresor caía al suelo, gritando de dolor, el chaval pudo ponerse a salvo.

Estas son sólo algunas historias que demuestran que el Kyusho es un método vital para enseñar a los grupos más vulnerables. Pero, ¿cómo enseñar este método, aparentemente tan difícil, a los niños? Tan fácil y diligentemente como enseñamos a cualquier otro grupo, con un sencillo entrenamiento basado en la realidad.

Tomemos el primer punto –el Pericardio 2- y revisemos el programa de entrenamiento para niños para comprender cómo un niño asustado es capaz de atacar a su agresor en un enfrentamiento real.

Este punto está ubicado en la parte superior del bíceps, es muy vulnerable y fácil de atacar porque siempre queda expuesto en el caso de un agarre. Primero les enseñamos su ubicación a través de láminas y fotografías, después tienen que localizarlo en su propio brazo para que puedan sentir el nervio. Trabajamos con brazos de varios tamaños, desde pequeños hasta musculosos tipo *bodybuilding* para que se familiaricen con ellos, evitando así cualquier sorpresa en un escenario real. Cuando tienen localizado el punto les enseñamos el mejor ángulo para golpearlo (directo hacia el hueso). Aprenden a golpear con varias armas (nudillos, codos, rodillas) para acceder a los distintos ángulos desde donde podría producirse el ataque del depredador. Se les enseña a golpear con ciertos nudillos de la mano en cuatro direcciones, así como todas las posibilidades de golpear con los codos y hasta con las rodillas. Además les enseñamos a fortalecer sus armas corporales

trabajando con el saco, haciendo flexiones con los nudillos y otra serie de ejercicios para incrementar su fuerza, integridad y resistencia, minimizando los posibles daños que pudieran ocasionarse.

Tras el entrenamiento de las armas, el trabajo se centra en la diversidad de escenarios de ataque. Trabajando los ataques uno contra uno, el alumno se acostumbra a los diferentes ángulos y a las posibilidades de sus armas para afrontar este tipo de situaciones. Poco a poco se incrementa la fuerza y la intensidad de los ataques para que el niño se adapte a las sensaciones que experimenta y a la urgencia. En este trabajo los instructores van protegidos debidamente para no resultar incapacitados... aunque han de sentir el dolor para saber si el alumno ataca correctamente o no.

El paso siguiente en el proceso de aprendizaje es incrementar la intensidad del ataque repetidamente con varios agresores que le agarran con fuerza emulando ataques reales. Así se ayuda al niño a controlar el miedo, sustituyéndolo por la iniciativa y la determinación.

Y aún vamos un poco más allá... Durante varios minutos reciben ataques continuos para que descubran la fatiga y aprendan otras perspectivas, centrando su ataque en un foco determinado que les prepara mejor para afrontar una lucha larga y seria. Al principio creen que no van a soportarlo, algunos incluso se cuestionan abandonar, pero, aunque parece muy agresivo en principio, se hace de forma progresiva y poco a poco son capaces de soportar períodos de tiempo más largos, mejorando su precisión.

La prueba final es sencilla y trata de cubrir las necesidades reales. El niño tiene que enfrentarse cara a cara con un instructor adulto. Ambos se sitúan a unos seis metros de una puerta. El instructor tratará de secuestrar al niño y hacerle atravesar la puerta; para ello, intentará agarrarle, levantarle, llevársele en brazos (o de la forma que sea) con los puntos del brazo debidamente protegidos. El niño dispone de 60 segundos para escapar, por lo que debe atacar el punto y golpearlo lo suficientemente fuerte (con protección incluida) para conseguir que el instructor afloje la fuerza del brazo. Lógicamente sin la almohadilla protectora la fuerza resultaría suficiente para provocar la incapacitación funcional del brazo del agresor.

Esta es sólo la primera fase del entrenamiento, una vez superada el niño tendrá habilidad real en un escenario realista. Puede parecer un entrenamiento extremo, e incluso severo para un niño... pero, ¿los trataría mejor un depredador real?

Bubishi y Puntos Vitales

Existe un texto ancestral de la antigua China titulado *El Bubish*i del que se han comercializado varias traducciones recientemente, aunque eso sí, unas más claras que otras. Aunque no es tarea fácil traducir las lenguas antiguas y las actitudes mentales de entonces en estos tiempos, su contenido sirve para documentar las estructuras anatómicas más débiles del cuerpo.

El Bubishi está estructurado en cuatro secciones: historia y filosofía, remedios herbales, Puntos Vitales y técnicas de lucha. Y si bien acerca de su autor sólo se sabe que era artista marcial, su texto ha perdurado en el tiempo y ha sido transmitido por los Maestros de Karate más prestigiosos de la historia: Sakugawa, Matsumura, Gokenki, Higashionna, Motubu (Shorin), Miyagi (Go Ju), Shimabukuro (Isshin Ryu), Mabuni (Shito Ryu), Funakoshi (Shotokan), Uechi (Uechi Ryu-Pwang Gai Noon), entre otros muchos. Todas estas leyendas de las Artes Marciales veneraban y estudiaban la información que se recogía en este texto, pero al tratarse de una información tan codiciada estos instructores sólo se la transmitían a un miembro de su familia o a un alumno que elegían con especial atención. A pesar de resultar de difícil comprensión, ha superado la dura prueba del tiempo y merece la pena estudiarlo seriamente por su elevado valor inherente.

El título indica que se trata de un libro de entrenamiento militar; de hecho, este manual recoge muchos aspectos de esta metodología. Aunque el libro está lleno de inspiradoras aproximaciones filosóficas y de procesos sanatorios herbales, en nuestro caso (y sin ánimo de restar importancia a todo o demás) vamos a centrarnos especialmente en lo que se refiere a los Puntos Vitales, por ser éste uno de sus aspectos más intrigantes.

Puntos Vitales

Los Puntos Vitales descritos en el texto se catalogan como áreas prohibidas en Acupuntura debido a las posibilidades e implicaciones letales que conllevan. Originalmente, esta información se atribuyó a Zhang Sanfeng, un acupuntor del siglo XIII a.C., que llevó a cabo una intensa investigación acerca de las posibilidades adversas de esta ciencia sanatoria. Estos puntos prohibidos están ubicados en los nervios, el tejido vascular, o los órganos internos y podrían pincharse o dañarse fácilmente con una aguja o ser atacados con armas o siguiendo ciertas posiciones de la mano (descritas también en *El Bubishi*).

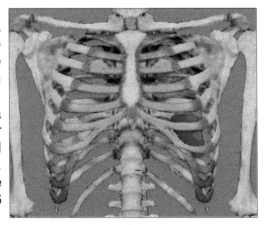

Se sabía que los ataques a estos puntos podían producir parálisis, disfunción, pérdida del conocimiento e incluso la muerte. Y originalmente (y según una de las traducciones) se señalaban 36 objetivos divididos en 4 categorías: 9 mortales, 9 alteradores de la conciencia, 9 paralizadores y 9 causantes de dolor. Este número, al igual que otras combinaciones numéricas, también designaba los nombres de las secuencias marciales antiguas conocidas como Katas. Términos como *Sanseiru* (significa 36 y coincide curiosamente con los 36 Puntos Vitales originales) se transmitieron en secre-

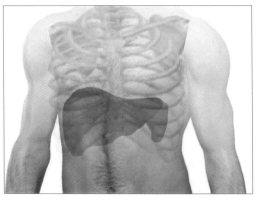

to a los alumnos más avezados o a un miembro especial de la familia. Si tomamos como ejemplo uno de los muchos objetivos podremos comprobar cómo al incidir sobre él de una forma específica se pueden provocar consecuencias letales.

El bazo es el órgano responsable de filtrar las infecciones y defendernos de ciertas bacterias. Es también parte integral del sistema linfático del cuerpo y, por tanto, responsable de limpiar las impurezas del flujo sanguíneo. Como está ubicado en un lugar accesible, en la parte superior de la cavidad abdominal, justo debajo de las costillas en el lado izquierdo, al atacarlo correctamente podemos dañar o reventar este órgano, lo cual podría provocar una hemorragia interna masiva y liberar una infección bacteriana poniendo en peligro la vida. Sólo un tratamiento médico de urgencia como la extirpación o la reconstrucción quirúrgica evitará esta situación letal. Desde luego cuando se escribió *El Bubishi* los avances médicos no eran los actuales y la situación de la persona herida era irreversible y su muerte segura.

Cuando el bazo es atacado o dañado, una sensación de dolor comienza a extenderse desde la parte izquierda superior del abdomen hacia abajo. En ocasiones también puede sentirse dolor en el hombro izquierdo causado por la sangre concentrada debajo del diafragma. Asimismo pueden producirse mareos y pérdida de conocimiento como consecuencia de la hemorragia interna, aunque aún pueden transcurrir un par de horas hasta que se produzcan los clásicos "síntomas peritoneales" que provocan rigidez del abdomen y alteraciones en la sensibilidad motora. Cuanto más intenso sea el ataque, más graves serán las consecuencias y emergerán con más rapidez. El bazo es pues un claro objetivo donde dirigir el arma o las manos bien preparadas en un conflicto penetrando debajo de las costillas y atacando el órgano directamente.

Resulta muy interesante que este texto antiguo incluya también la descripción de las seis posturas de la mano conocidas como las "6 Manos Ji". Una de estas posturas se denomina "Mano del charco de sangre". ¿Se trata de una coincidencia? Probablemente no. Veamos cómo ha de colocarse la mano para alcanzar su objetivo sobre un órgano en particular de la mejor manera posible. Vamos a referirnos en este caso al bazo. Es necesario acondicionar la mano y fortalecerla para conseguir unos resultados realmente devastadores, aunque no es imprescindible. Al introducir los dedos debajo de las costillas, si tiramos de su estructura hacia fuera eliminamos el hueso y el cartílago protector para lanzar el golpe al bazo con los primeros nudillos de la mano, en la posición de la "Mano del charco de sangre". Esto provocará un dolor muy agudo, si además se aplica la fuerza suficiente es posible reventar el órgano y provocar una hemorragia interna. Con esta posición pueden atacarse el resto de los órganos donde haya afluencia de sangre como son el hígado, el riñón, el corazón y en cierta medida el intestino.

En la cavidad abdominal, debajo de las costillas inferiores de la parte derecha se encuentra el hígado, el órgano más grande de nuestro cuerpo. Es un órgano vital responsable de muchas funciones en nuestro organismo. De hecho, el 30% de la sangre que bombea el corazón por minuto pasa a través de este complejo órgano; sólo el cerebro recibe más sangre que el hígado. Filtra y limpia la sangre y procesa las moléculas nutricionales que se distribuyen por todos los tejidos del cuerpo. También recibe sangre de los pulmones, oxigenándola antes de ser transportada al corazón.

Aunque es mucho más flexible que el bazo y no puede reventarse tan fácilmente, su tamaño es sustancialmente mayor de forma que un golpe severo en el lado derecho anterior de la parte baja del pecho puede provocar importantes daños. La hemorragia interna no es tan intensa como la de un bazo reventado, pero el dolor se extenderá igualmente hacia abajo desde la parte derecha superior del abdomen hacia la boca del estómago. La sangre que llegue hasta la parte superior del hígado puede causar dolor en el hombro derecho o en el omoplato. También podrán producirse mareos y pérdida del conocimiento.

Estos son dos de los objetivos que pueden verse afectados por la posición de "la Mano del charco de sangre". A pesar de que estos ataques ya son bastante peligrosos, aún se puede añadir el ataque simultáneo al sistema nervioso y al Meridiano asociado a estas técnicas; ataques que también se incluyen en *El Bubishi*. Justo donde colocamos los dedos sobre las costillas para atacar estos órganos se encuentra el punto denominado Bazo 16 (SP-16), se trata de un nervio intercostal que puede pinzarse al presionarlo contra la costilla. El efecto será la relajación o paralización de los músculos abdominales y su contracción disminuirá o incapacitará la protección de los órganos. Además provocará una reacción nerviosa que confluirá en el sistema nervioso central y en el cerebro, llegando hasta los músculos y los órganos internos, debilitándolos aún más. Esta debilidad altera la protección natural, incrementando en gran medida el daño potencial.

Centrémonos ahora en la preocupación de la que se hace eco el texto *Bubishi* acerca del momento oportuno del ataque según el *Shichen* (la división china del día en dos periodos de doce horas). Observando el cuerpo humano se advierte que el bazo está más activo entre las 9:00 y las 11:00h y, en consecuencia, es más vulnerable. A este espacio de tiempo le denominaron "Serpiente", uno de los doce animales del horóscopo chino. Aprender las horas en que estos objetivos específicos son más vulnerables proporcionaba una ventaja decisiva al artista marcial en una situación de combate. Combinando este conocimiento con armas especializadas y una forma física adecuada se consigue una mayor penetración provocando unos efectos mucho más devastadores... justo lo que necesita un guerrero desarmado.

A pesar de que os acercamos el contenido de estos métodos antiguos descritos en este increíble texto no los enseñamos y tampoco aconsejamos su aplicación ya que el potencial del daño causado vulnera la responsabilidad civil.

Dim Mak/kyusho tiene muchas facetas, muchas fuentes, muchos enfoques, pero el concepto básico siempre es el mismo: convertir las estructuras anatómicas más débiles del cuerpo en objetivos. Con este conocimiento, el artista marcial experimentado adquiere mucha más potencia y capacidad que en su etapa más joven y atlética.

"Un golpe basado únicamente en la fuerza
desde un ángulo de 45º nunca es tan
efectivo como un puñetazo directo,
pero sí que es posible provocar efectos
mucho más devastadores impactando
sobre ciertos objetivos,
sin necesidad de utilizar una fuerza masiva"

El Gancho: ¿Fuerza o Precisión?

Cuando un luchador cae a la lona totalmente K.O. tras un gancho de izquierda, a pesar de que nuestra impresión es que su adversario apenas le había tocado, no hay que preguntarse si es o no posible, sino tratar de aprender cómo podéis añadir este método real a vuestro arsenal técnico. Efectivamente, algunos ganchos llegan con la fuerza suficiente para parar a un elefante, sin embargo muchos otros no, ¿por qué? Precisamente de eso es de lo que vamos a hablaros.

En la cabeza existen varios Puntos de Presión (objetivos) que si se golpean con el ángulo correcto pueden provocar la pérdida del conocimiento o, al menos, la caída del oponente al hacerle perder el control del sistema locomotor. La razón de que esto no lo veamos con más frecuencia en los rings no está en que los luchadores peleen con guantes, sino en el ángulo desde el que se golpea. La mayoría de los puñetazos se lanzan con un ángulo de 90°, desde el cual no es posible impactar sobre ningún Punto de Presión. Existen varios objetivos accesibles a partir de un movimiento de elevación o de caída; ahora bien, para impactar sobre ellos hay que golpear con un ángulo de 45°. A otros, también se puede acceder formando un ángulo de 45° y dirigiendo el golpe desde detrás de la cabeza hacia el frente, pero estos golpes están prohibidos en el Boxeo.

Un golpe basado únicamente en la fuerza desde un ángulo de 45° nunca es tan efectivo como un puñetazo directo, pero sí que es posible provocar efectos mucho más devastadores impactando sobre ciertos objetivos, sin necesidad de utilizar una fuerza masiva. En cualquier caso, el gancho puede ser un arma táctica muy poderosa en cualquier estilo de Artes Marciales, incluyendo el Boxeo y las competiciones donde todo vale, sobre todo, si logramos acceder a los Puntos de Presión desde el ángulo correcto; pero vayamos pasito a paso...

Trabajar los ángulos

Un gancho hacia abajo encontrará muchos más objetivos sobre los que impactar, que un puño hacia arriba, aunque también los hay. Todos ellos son de fácil acceso, incluso con los guantes de Boxeo. En la cabeza se localizan una serie de puntos focales que al impactar sobre ellos aumentarán la disfunción provocada por el propio gancho. Uno de esos objetivos está ubicado entre la barbilla y la articulación de la mandíbula, justo en el nervio facial donde cruza la ramificación bucal. Cuando se golpea este punto con un gancho hacia abajo y hacia el centro del cuello se provocará la pérdida del control del sistema locomotor y/o la pérdida de conocimiento.

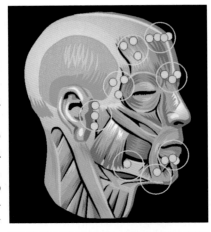

Otro gran objetivo se localiza justo debajo de las comisuras de la boca a ambos lados de la barbilla y, de nuevo, ha de golpearse hacia abajo formando un ángulo de 45° hacia el centro del cuello. Recibe el nombre de nervio mental y causará un shock en el cerebro mucho mayor que el primer objetivo provocando unos efectos incluso mucho más traumáticos.

La fuerza generada por la sinergia de las contracciones musculares provoca tensión en los músculos antagonistas, de forma que cuantos más músculos se utilicen en el movimiento más aumentará la fatiga y se reducirá la movilidad. Ahora bien, si atacamos el sistema nervioso con precisión el efecto será mucho mayor que

un golpe fuerte sobre la estructura óseo-muscular, consiguiendo mejores resultados empleando menos fuerza y reduciendo la fatiga de la pelea.

El componente clave

Existe un componente clave llamado "polaridad" que incrementa los efectos producidos al impactar sobre los objetivos, dotándolos de mayor consistencia (algo tremendamente valioso si tenemos en cuenta que la intención de nuestro adversario es hacernos daño). El hombre es, por naturaleza, un ser bioeléctrico de forma que es necesario recurrir a la polaridad y alterar su ciclo natural de energía para provocarle la pérdida del control del sistema locomotor y/o la pérdida de conocimiento. En su forma más básica es lo que denominamos el Yin y el Yang, en términos occidentales, lo positivo y lo negativo. Podemos utilizar esta energía natural para provocar un "cortocircuito" en el adversario. Para ello, al golpear con el gancho de izquierda sobre el lado derecho de la cabeza del adversario debemos elevar el talón del pie. Sin entrar en demasiados tecnicismos o misticismos, digamos sencillamente que el gancho será muchísimo más potente si el talón no toca el suelo.

El estudio del Kyusho me ha permitido entender los golpes que provocan un K.O. en el Boxeo y en las peleas en las que todo vale. Muchas de estas peleas se han ganado por la presión ejercida al golpear accidentalmente un Punto de Presión, de modo que podéis imaginaros los resultados cuando se impacta sobre ellos intencionadamente.

Ir con la naturaleza

El método natural de ataque del hombre es el gancho, sobre todo cuando está sometido a tensión y le sube la adrenalina, por lo que cuando observamos una pelea real o una pelea donde todo vale los artistas marciales más entrenados utilizan la polaridad en su beneficio. Se trata, como veis, de seguir nuestra propia natura y entrenar aprovechando nuestros instintos naturales.

8 objetivos (admitidos en el Boxeo)

Existen 2 Puntos de Presión simples y 6 complejos aceptados en el Boxeo y en las peleas donde todo vale. De forma que, independientemente de cómo esté colocada la cabeza del adversario, se consideran objetivos abiertos a los que podemos acceder.

Si el adversario tiene la cabeza levantada, con el gancho hacia abajo en un ángulo de 45° se puede acceder al punto simple ubicado en la parte lateral de la mandíbula o al punto complejo localizado delante de la misma. Debéis recordar que el golpe ha de ser hacia abajo, con un ángulo de 45° y hacia el centro del cuello.

Cuando la mandíbula está plegada (que es lo más probable si nos enfrentamos a un luchador experimentado), el grupo de puntos localizados en la frente, concretamente en el lado del ojo, delante del oído y en el tabique nasal, serán los objetivos a los que podremos acceder más fácilmente. Los puntos de la frente y del tabique nasal deben golpearse hacia abajo, con un ángulo de 45° hacia el centro del cráneo.

También podemos atacar los dos grupos de puntos ubicados en la parte lateral de la cabeza pero hemos de variar el ángulo en cada uno de ellos. El gancho hacia abajo con un ángulo de 45° también se emplea, aunque para acceder al grupo de puntos de la ceja es mejor golpear hacia abajo en dirección al ojo. En cuanto al grupo de puntos localizados delante del oído, el golpe hay que dirigirlo nuevamente hacia abajo, con un ángulo de 45°, pero esta vez hacia el centro del cráneo.

Seguridad

En las peleas callejeras es mucho más seguro golpear con el pie apoyado en el suelo y ejecutar el gancho con la palma de la mano abierta ya que no dejará señales físicas en caso de un conflicto legal. Por ejemplo, si golpeamos a alguien en el ojo, podemos provocarle un daño físico permanente y observable. Esto no sólo no es ético, sino que en un Tribunal podrían condenarnos por un delito del que seríamos responsables. Si utilizamos el Kyusho adecuadamente no provocaremos ningún daño físico observable, reduciendo la evidencia a mera conjetura en el marco legal, lo cual favorecerá nuestra defensa.

Conocer simplemente los Puntos de Presión no nos hará necesariamente mejores luchadores, pero si entrenamos duro para saber cómo acceder a ellos nuestros golpes serán mucho más eficaces.

"En la cabeza existen varios Puntos de Presión que si se golpean desde el ángulo correcto pueden provocar la pérdida del conocimiento o, al menos, la caída de nuestro oponente al hacerle perder el control del sistema locomotor"

Ataques a los Puntos de las piernas

Las piernas además de ser nuestro punto de apoyo y sostén son un arma letal especialmente en algunas Artes Marciales; neutralizarlas es un objetivo prioritario en cualquier sistema de defensa. Tanto realizando esquivas, como bloqueos, un ataque de piernas puede atacar puntos especialmente vulnerables de su anatomía. Sobre este particular incide, en esta ocasión, el afamado y reconocido Maestro norteamericano Evan Pantazi a través de estas líneas y para los que quieran ir más allá, presenta su último trabajo instruccional en DVD.

Para neutralizar la acción ofensiva de un atacante que proyecta sobre nosotros una patada, sea ésta frontal, lateral, trasera, en giro, en salto, etc... uno debe aplicar los bloqueos, o movimientos de barrido (tanto con brazos como con piernas) sobre áreas específicas de la extremidad. ¿Por qué no atacar los Puntos Vitales de esta zona? El Maestro Pantazi analiza los efectos que dichas acciones pueden producir, los ángulos de ataque preferentes para incidir correctamente y de forma más eficaz sobre los puntos sensibles, etc... pero las piernas también pueden convertirse en dianas de ataques específicos cuando queremos incapacitar a nuestro adversario en el sentido de inutilizar su capacidad de persecución. Las piernas son partes muy resistentes de nuestra anatomía, no hay más que ver como atletas bien preparados resisten tremendos *low kicks,* sin embargo cuando uno consigue acceder a los Puntos Vitales de las mismas, el shock o el calambre resultantes son tremendamente dolorosos. Puede que muchos de vosotros hayáis experimentado de forma casual el contacto con uno de estos puntos, no necesariamente en combate, puede incluso que simplemente os hayáis golpeado con el borde de la cama, con una mesa, o con cualquier otro objeto; ¡si este es el caso sabréis a qué me refiero! El Kyusho trata de investigar de forma científica las razones que concurren en estas ocasiones y tomar ventaja de ellas en la práctica de las Artes disciplinarias, no importa cual sea el estilo que practiquéis. Un magnífico trabajo de nuestro habitual colaborador, Evan Pantazi.

Alfredo Tucci

Las piernas

Las extremidades inferiores y los nervios periféricos están más alejados del cerebro y, en consecuencia, son más lentas a la hora de responder ante los estímulos y mucho más difíciles de controlar. Esto significa que, por un lado los ataques con estas armas suponen un reto mayor a nivel ofensivo, mientras que a nivel defensivo son un objetivo excelente en el entrenamiento de combate. La distancia hasta el cerebro retrasa la llegada de los estímulos nerviosos y la respuesta es más lenta, lo cual no significa que la reacción del adversario a un ataque sea lenta. Si bien, a simple vista no es evidente, las reacciones de las piernas son diferentes a las de otras partes del cuerpo. En posición de pie e incluso boca abajo, las piernas son la base de nuestro cuerpo, su punto de apoyo, el eje que soporta el peso corporal y son las responsables de una gran parte de la fuerza de sinergia necesaria para llevar a cabo los ataques o defensas convencionales. Si la base se debilita o se destruye, también lo hará la plataforma desde donde lanzar el ataque o la defensa.

En el ataque a los Puntos Kyusho de las piernas es necesario tener presentes una serie de precauciones y consideraciones. Al igual que los brazos, son miembros bilaterales y cada miembro es un espejo del otro. En el caso de las piernas, al ser el soporte del cuerpo, en un ataque a las piernas, el mensaje neurológico enviado al cerebro a través del sistema nervioso central diverge en su recorrido a otras partes del cuerpo debilitando, por consiguiente, toda la estructura y la capacidad para realizar un ataque o una defensa fuertes. Un ataque sobre cualquiera de los puntos del interior de las piernas provoca una torsión lateral que desvía todo el peso corporal contra el tejido conector de las articulaciones, lo cual puede provocar una lesión permanente, por lo que recomendamos mucha precaución.

Los nervios periféricos de las piernas, al igual que los del resto del cuerpo, están comprendidos en dos sistemas principales: el somático y el autonómico. El primero está integrado por los nervios motores responsables de controlar la estructura óseo-muscular que favorece el movimiento y la estabilidad del cuerpo. Evidentemente el cerebro también participa en el proceso de posicionamiento de los músculos y de los huesos.

Sabiendo todo esto, resulta fácilmente comprensible que al atacar a un nervio, a través de un Punto de Presión (recordando que podemos

acceder a ellos librando las barreras protectoras ejercidas por los músculos, los tendones o los huesos circundantes), podemos debilitar otras partes del cuerpo, al mismo tiempo que provocamos la disfunción del miembro atacado. Además mientras el cerebro intenta mantener el control del miembro atacado y sus estructuras asociadas generamos confusión, de forma que nuestro adversario ya no combatirá contra nosotros sino contra él mismo, colocándonos en clara ventaja para controlar la situación, intensificando nuestro ataque o emprendiendo la huida.

Pongamos un ejemplo práctico, supongamos que nuestro objetivo fuera el punto denominado Hígado 9 (LV-9), ubicado en la cara interior del muslo, en cuyo caso, el impacto sobre el nervio provocaría un debilitamiento automático de la pierna al llevarla hacia fuera. Al mismo tiempo podríamos debilitar otras partes y funciones del cuerpo colocando al adversario en posiciones que no podría controlar para lanzar un ataque y desde las que no podría luchar. Profundizaremos en ello para descubrir nuevas e increíbles posibilidades.

Como dijimos anteriormente, los nervios periféricos afectan también al sistema nervioso autonómico, el responsable de las funciones corporales involuntarias como la respiración, la digestión, la circulación y otros procesos vitales. Al interferir sobre el nervio de la pierna podemos afectar a los órganos internos causando daños o haciéndolos más vulnerables. Evidentemente los sanadores y muchos artistas marciales disponen de esta información gracias al descubrimiento y la documentación existente acerca de las líneas imaginarias que trazan los Puntos de Presión interrelacionados. En el muslo se encuentran los canales o Meridianos del Hígado, el Bazo y el Riñón que no son independientes, sino que están relacionadas. Pongamos por ejemplo el Meridiano del Hígado. Todos los puntos del canal del hígado se encuentran en progresión desde el segundo dedo del pie hasta el interior del muslo. Atacando a estos puntos provocaremos lo que se conoce como "reflejo flexor" o reflejo de retirada, es decir el cuerpo reaccionará al dolor contrayendo los músculos de la zona atacada, tratando de mitigar el dolor no sólo con la pierna, sino con la zona del cuerpo donde se alberga el hígado. Se trata de una respuesta automática que escapa al control del individuo... Esto mismo es aplicable a todos los puntos de los Meridianos específicos de cada órgano.

De forma paralela el cuerpo responderá con el denominado "reflejo extensor cruzado", esto es, al iniciarse el reflejo flexor, la parte contraria a la atacada se extenderá para favorecer la retirada y contrarrestar el dolor. Así, al incidir sobre un Punto Kyusho de una pierna, el brazo del mismo lado se extenderá involuntariamente para tratar de alejarse del foco de dolor. En consecuencia, los miembros contrarios actuarán exactamente al contrario. Al conocer las reacciones involuntarias del cuerpo, podemos aprovecharnos de ellas.

Otro efecto reflejo que se producirá al incidir sobre un punto es la paralización del músculo o de los músculos de la zona y de los que están por debajo. Sólo lograremos este efecto si sabemos neutralizar el mensaje neurológico antes de que se produzca la contracción del músculo. Si al golpear el punto Hígado 9 (LV-9) detenemos eficazmente el impulso nervioso de los músculos de la parte inferior de la pierna, no sólo paralizándolos sino debilitando su capacidad de contraerse

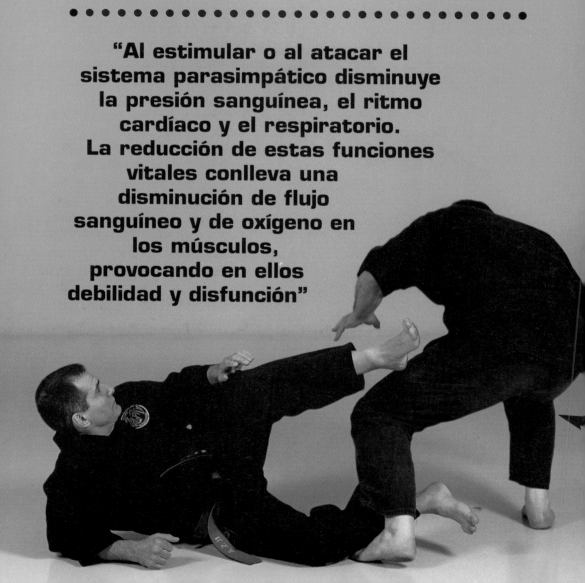

"En el muslo se encuentran las líneas o los Meridianos del Hígado, el Bazo y el Riñón y no son líneas independientes, sino que están relacionadas"

• •

"Al estimular o al atacar el sistema parasimpático disminuye la presión sanguínea, el ritmo cardíaco y el respiratorio. La reducción de estas funciones vitales conlleva una disminución de flujo sanguíneo y de oxígeno en los músculos, provocando en ellos debilidad y disfunción" y tensarse, nuestro adversario no podrá soportar el peso de su cuerpo, con lo cual estaremos en disposición de controlar la situación.

Un análisis en profundidad establece la división del sistema autonómico en dos: el sistema parasimpático y el sistema simpático.

Al estimular o al atacar el sistema parasimpático disminuye la presión sanguínea, el ritmo cardíaco y el respiratorio. La reducción de estas funciones vitales conlleva una disminución de flujo sanguíneo y de oxígeno en los músculos, provocando en ellos debilidad y disfunción. En el cuerpo humano se produce una reducción del flujo sanguíneo corporal al producirse una mayor afluencia de la sangre en el sistema digestivo para realizar el proceso natural de la digestión. Esto mismo podemos conseguirlo atacando los puntos de la parte interior de la pierna, en cuyo caso provocaremos el desmayo de nuestro adversario, e incluso nauseas y fatiga al lograr incrementar la afluencia de la sangre en el aparato digestivo. Manipulando estos puntos, como ya hemos mencionado, provocaremos la bajada de la presión sanguínea. Un ejemplo gráfico es el desmayo por noqueo (el llamado K.O. Yin); nuestro adversario perderá el control lentamente hasta llegar a perder el conocimiento.

Si estimulamos o atacamos el sistema simpático el efecto será el contrario. Se producirá un aumento rápido del ritmo respiratorio y cardíaco, aumentará la presión sanguínea y la estimulación del sistema nervioso central. Es como una sobrecarga que provocará espasmos similares a los producidos cuando se golpean los Puntos de Kyusho Yang. Ante esta sobrecarga y tensión en el ritmo normal de las fun-

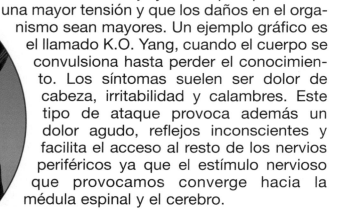

ciones de estos sistemas vitales, el cuerpo adopta la posición de boca abajo y se bloquea para evitar una mayor tensión y que los daños en el organismo sean mayores. Un ejemplo gráfico es el llamado K.O. Yang, cuando el cuerpo se convulsiona hasta perder el conocimiento. Los síntomas suelen ser dolor de cabeza, irritabilidad y calambres. Este tipo de ataque provoca además un dolor agudo, reflejos inconscientes y facilita el acceso al resto de los nervios periféricos ya que el estímulo nervioso que provocamos converge hacia la médula espinal y el cerebro.

Como hemos visto, al atacar los puntos de las piernas (al igual que el resto de los Puntos Kyusho) afectamos a muchos sistemas y funciones corporales. Ya en las culturas antiguas se descubrieron y señalaron los puntos específicos y sus efectos a partir de la observación y la experimentación. A lo largo de la historia se han documentado de diversos modos, describiendo diferentes métodos para utilizarlos, incluso se ha empleado la nomenclatura de los propios órganos vitales para designarlos (hígado, bazo, riñón, etc.) y saber inmediatamente a que órgano específico afectamos al atacar cada punto en concreto.

Abordaremos ahora la ventaja de aprender los Puntos Kyusho de las piernas en la combinación de ataques. Al acceder a los nervios de las piernas no sólo interrumpimos la función del sistema nervioso, sino también afectamos a los músculos, los órganos internos y las funciones vitales. Al atacar el Hígado 9 (LV-9) de la pierna causaremos un efecto en el hígado, pero aún podemos afectar más a este órgano si dirigimos nuestros golpes a ciertas áreas del cuerpo. Como el órgano estará más débil y susceptible a los ataques, los efectos se amplificarán y necesitaremos menos fuerza para lograr mejores resultados.

En Kyusho no sólo afectamos a la estructura física de nuestro adversario, sino a toda su fisiología interna. Al emplear menos fuerza se reducen los signos externos de un ataque o daños observables. Los mismos métodos de ataque empleados y entrenados por el practicante de Kyusho instruyen también su mente para que estén vigilantes y sean eficaces a la hora de evitar, detener o devolver los ataques a sus propias piernas. Las piernas, más difíciles de proteger y menos entrenadas en la habilidad defensiva, son un excelente objetivo que coloca instantáneamente en ventaja al practicante de Kyusho. Por tanto, nuestro enfoque es global y el entrenamiento de todas las partes del cuerpo resulta especialmente útil en el entrenamiento de las piernas, a veces muy pasado por alto.

Otra ventaja es la eficacia de los Puntos Kyusho de las piernas en la lucha en el suelo, donde tienen un papel mucho más importante que en la lucha de pie, al participar en el 50% de las tácticas empleadas en el ataque y en la defensa. Dominando estos puntos podremos escapar, o controlar mejor las piernas de nuestro adversario. Escapar a la guardia, mejorar las llaves de piernas y de tobillos, incluso manipular sus piernas para mejorar nuestra posición nos resultará mucho más fácil. Recurramos de nuevo al Hígado 9 (LV-9) para poner un ejemplo. En posición de guardia, al acceder a este punto la pierna del adversario se debilitará y perderá el control ya que el dolor provocado activará el reflejo de retirada y el reflejo de extensión cruzado, lo cual nos permitirá pasar la guardia más fácilmente o colocarnos encima de él. Esta técnica no causará tanta disfunción o efectos internos ya que el ataque será en cierta manera amortiguado. Sin embargo, debilitará las estructuras corporales correspondientes haciéndolas más sensibles y vulnerables.

Generalmente a los artistas marciales se les enseña a bloquear y a detener las patadas del adversario, pero no a atacar sus patadas. Armados con estas valiosas herramientas, al lanzar una patada a cualquier practicante de Kyusho, le están facilitando una buena oportunidad para emplear su método. Como ya hemos visto, al golpear un Punto Kyusho sobre la pierna que nos lanza una patada causaremos dolor, disfunción y una de las tres repuestas reflejas mencionadas anteriormente. Además debilitaremos toda la estructura anatómica evitando así que puedan aplicar más ataques o técnicas contra nosotros. Si, por ejemplo, nos lanzan una patada alta y golpeamos los puntos internos de la pierna, el Hígado 9 (LV-9) por ejemplo, el reflejo de retirada neutralizará rápida y automáticamente el ataque. La pierna contraria se estirará por el reflejo de extensión cruzado dejando este miembro absolutamente vulnerable a cualquier ataque. Asimismo se paralizarán los músculos de la pierna atacante y el agresor no podrá utilizarla ni siquiera como punto de apoyo. Practicando los ataques a los puntos más bajos de las piernas en las tácticas de ataque, ganaremos en maestría y aprenderemos más maniobras defensivas.

Otro ejemplo es una patada al muslo con la espinilla, un ataque muy extendido en muchas Artes combativas que puede detenerse fácilmente, impactando con una rodilla en la cara interna del muslo de la pierna atacante, es decir, en el Hígado 9 (LV-9). La paralización de ese miembro tendrá distintos efectos según la fase de la patada lanzada. Si atacamos la patada antes de que alcance la mitad de su extensión,

el reflejo de retirada le hará retroceder extendiendo al mismo tiempo el miembro contrario, evitando así posteriores ataques. Si la patada ya ha superado el 50% de su extensión, el reflejo de parálisis, con disfunción y pérdida de control, hará que la pierna se extienda, con lo que no haría falta añadir nada más.

Hemos de tener en cuenta que algunos de los puntos o de los nervios de las piernas están próximos a las principales arterias, así que al atacarlos afectamos directamente (e indirectamente a través de los sistemas simpáticos y parasimpáticos) al flujo sanguíneo que provoca la contracción de los músculos y, en consecuencia, a su función. Reitero, una vez más, que al atacar los Puntos Kyusho podemos afectar, directa e indirectamente, muchas de las funciones vitales del organismo.

Otras investigaciones nos han proporcionado datos muy interesantes acerca de los puntos de la piernas. Si una persona posee una estructura que protege de forma natural los puntos de la parte superior del cuerpo (los brazos, la cabeza o el cuello), las piernas estarán menos protegidas. De hecho, acceder a los nervios de los brazos o de la parte superior del cuerpo y de la cabeza en algunas personas (no más de un 5%) es mucho más difícil. Esto no significa que el Kyusho no funcione en estos casos, sino que el acceso a los nervios no es fácil. Sin embargo, se ha observado que este grupo de personas es tremendamente vulnerable a los puntos de las piernas.

El conocimiento de estos puntos tan valiosos incrementarán nuestra capacidad y nuestras habilidades como artistas marciales. Saber exactamente cómo reaccionará el cuerpo y las funciones

físicas y anatómicas que afectaréis, paralizaréis o perjudicaréis es una
excelente aportación a vuestro arsenal. Mejoraréis vuestros métodos
de lucha, independientemente del estilo que practiquéis ya que son
conocimientos universales. Como apunte final quiero recordaros que
al golpear correctamente los nervios siempre se causa dolor, pero si
deseáis incrementar el potencial del ataque y multiplicar espectacularmente sus efectos debéis golpear sobre él ejerciendo una ligera
presión hacia abajo.

Puntos y aplicaciones

En este apartado abordaremos los Puntos de Presión ubicados en la cara interna del brazo que afectarán al nervio cubital. Se trata de una serie de puntos muy sensibles al estar menos expuestos al contacto que los puntos de la cara externa y que afectan al nervio radial (abordados en las series instruccionales 1 y 2). Los músculos además no protegen tanto esta zona del brazo y los espacios intermusculares, los tendones y los huesos están más separados lo que facilita el acceso al nervio sin necesidad de manipular demasiado estas estructuras.

Los puntos que afectan al nervio cubital son los referentes al Meridiano del Corazón, según la terminología de la Acupuntura (emplearemos esta nomenclatura para clarificar la explicación y facilitar su localización).

Estos puntos comparten cualidades con los puntos que afectan al nervio radial, pero además existen muchas diferencias que merece la pena estudiar en profundidad ya que, desde el punto de vista marcial y de la salud, aportan muchos beneficios que también mencionaremos.

Las semejanzas entre ambos es que al golpear, frotar o presionar el punto contra el nervio los efectos generados son: dolor agudo, disfunción en el brazo y en las estructuras asociadas, vulnerabilidad corporal ante ataques posteriores al afectar al sistema nervioso central y, en consecuencia, incremento de la potencia de las manipulaciones y las llaves aplicadas a las articulaciones.

La diferencias estriban en la reacción del brazo atacado; al incidir sobre el nervio radial se provocaba la apertura de la mano, mientras que un ataque sobre el nervio cubital causa la retracción del brazo. Por ejemplo cuando atacamos el punto denominado Pulmón 8 (L-8) del nervio radial, la mano se abrirá de golpe; mientras que si incidimos sobre el punto denominado Corazón 6 (H-6), la mano y la muñeca se relajan por completo y se pliegan. A continuación estudiaremos cómo atacar estos puntos y los efectos que provocan.

Series instruccionales

El objetivo de estas series es tratar de forma específica distintos puntos para que vosotros, amigos lectores, vayáis avanzando paso a paso para trabajar y desarrollar cada uno de los Puntos de Presión que mejor encajen en vuestro estilo marcial. De este modo, practicando cada uno de ellos y todas sus variantes llegaréis a dominarlos, ampliando vuestro conocimiento y vuestras habilidades generales.

Serie instruccional 1

Empezaremos con el punto denominado Pulmón 8 (L-8), ubicado aproximadamente a tres dedos del hoyo de la muñeca justo en el valle del hueso radial (al lado del pulgar). Si observáis la ilustración está justo donde el nervio radial se separa en forma de Y. Para provocar la mayor disfunción corporal posible ha de presionarse contra el hueso y hacia el pulgar, lo cual puede conseguirse de tres maneras, cada una de ellas más dolorosa que la anterior:

1. Presionar este punto contra el hueso mientras se empuja en dirección al pulgar. Además de dolor, se provoca debilidad en la mano. Cuanto mayor sea la intensidad del dolor, mayor será la debilidad causada, llegando incluso a las piernas y cuanto más rápido presionemos se incrementarán los efectos logrando que la mano pierda toda la fuerza y se abra.

2. Frotar el punto contra el hueso radial y hacia el pulgar con el nudillo u otro objeto duro. Así el aumento de la velocidad y de la energía cinética generada causará unos efectos mucho mayores: se abrirá la mano a medida que van fallando las piernas y el cuerpo pierde fuerza, además de que el dolor se hará mucho más agudo y se interrumpirán las funciones mentales.

3. Golpear hacia el pulgar con un ataque profundo, intensificando la energía cinética y causando un efecto mucho más dramático. El dolor es tan intenso que uno siente cómo recorre el brazo llegando a veces hasta el oído. La mano se abre y además puede paralizarse perjudicando gravemente el uso posterior del miembro. Las piernas se elevan sobre el suelo mientras el cuerpo intenta plegarse en posición fetal. Esta acción ataca al sistema nervioso somático que es el responsable del control de los músculos.

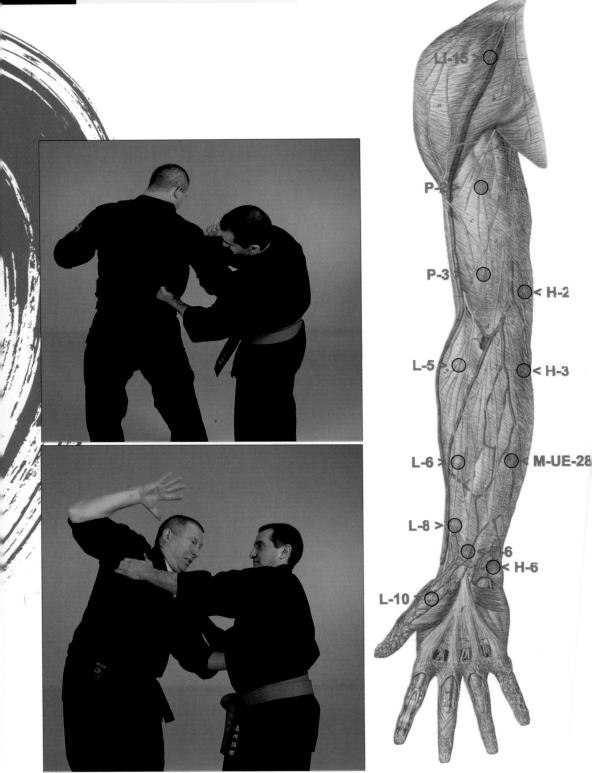

Como podéis ver, este sencillo punto de la muñeca nos permite ejercer un gran control sobre nuestro adversario, así como provocarle disfunciones y un dolor intenso sin causarle daños permanentes. El siguiente paso es explicar cómo hay que practicar para poder aplicarlo en una situación real. Lo más importante es tener siempre presente que a la hora de practicar éste o cualquier otro punto hay que controlar la intensidad en cada movimiento, ya que a mayor intensidad menor será el tiempo de práctica debido al dolor y a la disfunción que provoca.

Antes de aplicar todo a la vez es necesario practicar cada uno de estos niveles por separado para ver, sentir y comprender perfectamente sus efectos. Además hemos de aplicarlo en nosotros mismos para experimentar todos los niveles de intensidad posibles. Sólo así llegaremos a creer, comprender y respetar el método, entrenando sin peligro y aplicando la intensidad adecuada para que las sesiones de práctica sean más largas y accesibles.

Un ejercicio de entrenamiento muy interesante para incrementar vuestro poder de concentración, coordinación y precisión en un enfrentamiento real es que vuestro compañero haga de agresor y os sujete en todas las situaciones y con todas las variaciones de agarre posibles, mientras vosotros tratáis de acceder a este punto para defenderos. En principio debéis realizar este ejercicio con calma y, poco a poco, ir aumentando la intensidad. Vuestro agresor deberá incrementar poco a poco la agresividad y la fuerza. También se puede aumentar el número de agresores para elevar la dificultad y la presión. En cualquier caso, para desarrollar la habilidad es esencial aprender a acceder al objetivo rápida y eficazmente bajo una presión cada vez mayor.

Otro ejercicio de grappling muy eficaz para prepararos es que vuestro agresor busque la sumisión de la manera que sea, mientras que a vosotros, como defensores, sólo se os permitirá eludir la sumisión recurriendo a este punto eficazmente, interceptando un agarre, liberándoos o causándole el dolor necesario para controlarle. Partir de la posición de pie, colocaros frente a frente para la entrada del agresor que ha de intentar un derribo o una sumisión de pie.

En principio estos ejercicios os resultarán difíciles, pero llegaréis a dominarlos a base de práctica. Lógicamente, vuestra evolución dependerá de la habilidad de cada uno de vosotros y de la perseverancia en el entrenamiento, ahora bien saber acceder y manipular este punto supone una importante aportación al arsenal de cualquiera, independientemente del estilo que practique.

Si practicáis katas podéis incorporar este punto en muchas posturas para trabajar o mejorar vuestro Bunkai. Un ejemplo: si partimos de la posición donde nos sujetan ambas manos a un lado, podemos practicarlo para agarrar el brazo del mismo lado, prácticamente del mismo modo que lo haría cualquier adulto para sujetar a un agresor que se disponga a atacar a una mujer. Si el agresor fuera a agarrar la misma muñeca, la reacción natural de la víctima será retirar la mano a un lado para evitarlo, extendiendo la otra para atacar este punto y liberarse del agarre debilitando al agresor, o si se hace bien, lograr que le fallen las piernas. Podéis ver cómo se realiza visualizando el primer vídeo de Kyusho-Jitsu disponible a través de la revista *Cinturón Negro*.

Para los policías y funcionarios de prisiones saber atacar este punto les proporcionará una valiosa herramienta de control, extracción y liberación de un agarre. Sin embargo, es importante ser precavido y no utilizarlo nunca en los desarmes de pistola ya que se puede provocar la contracción momentánea del dedo índice antes de lograr la liberación del agarre y la disfunción de la mano. Funciona con cualquier otro objeto, desde navajas a botellas, así como para liberar a otra persona de un agarre. Una vez que se comprende el método y se domina sus aplicaciones son infinitas: en un robo de un vehículo donde el delincuente se niega a soltar el volante, agarrándole la muñeca y manipulando el punto lo soltará, mientras afloja también la otra mano como consecuencia de la reacción simpática de los nervios. Podría emplearse para extraer a un preso de la celda que se ha aferrado fuertemente a las barras. Un portero de una discoteca puede utilizarlo para echar a un individuo a la calle o hacer que suelte una botella o una silla. Aplicado rápida y sutilmente no provoca lesiones, con lo cual la protección legal de quien lo aplica está garantizada.

Como veis sus aplicaciones son innumerables en función de la habilidad de la persona a la hora de ponerlas en práctica. Una cosa es segura, es un método muy discreto y adecuado para los profesionales de la seguridad.

El aumento del control existe en cualquier método defensivo siempre que el agresor intensifique su agresión. Por ello es importante comprender el valor de los puntos que se utilizan en una serie de objetivos múltiples para lograr la incapacitación posterior.

Este punto, el Pulmón 8 (L-8) afecta a todo el nervio radial ya que el mensaje neurológico se envía al sistema nervioso central y después al cerebro y a otras partes del cuerpo. De ese modo, en caso de que sea necesario ejercer un mayor control, basta con atacar un punto equivalente en el brazo, el cuello o la cabeza para lograr la disfunción corporal y la incapacitación del individuo. Todo sin provocar lesiones físicas y empleando una fuerza bruta bastante discreta.

Serie instruccional 2

El punto denominado Pulmón 6 (L-6) se localiza en el nervio radial, en la mitad del antebrazo justo donde termina el grupo muscular de la parte interior del brazo *(véase la ilustración)*. Este punto no responde bien al frotamiento o a la presión. Lo más efectivo es incidir en él con un golpe profundo y penetrante dirigido hacia el pulgar, provocando un dolor muy agudo en el brazo e incluso en el pecho. Se abrirá la mano e incluso pueden paralizarse los músculos interrumpiendo así el posterior uso del miembro. Las piernas se elevan del suelo mientras el cuerpo se repliega en posición fetal. Esta acción ataca al sistema nervioso somático, como hemos dicho, responsable de controlar los músculos.

Un ataque a este punto causa la pérdida de fuerza y de voluntad en el adversario, pero las restricciones para activar, atacar o acceder a él no lo hacen un objetivo demasiado accesible, como por ejemplo en aquellas situaciones donde el adversario nos golpea. Sólo en ciertas posiciones resulta de muy fácil acceso, en las situaciones de agarre por ejemplo, en cuyo caso el agresor nos lo pone en bandeja. Especialmente para las mujeres y los niños, con más probabilidades de ser víctimas de un intento de secuestro y/o de control, éste es un punto muy valioso. Otro aspecto a tener en cuenta es que aunque al golpear este punto se abre la mano, el dedo índice se retrae rápidamente con un ligero movimiento, aparentemente insignificante, pero que puede tener graves consecuencias en determinadas situaciones. Imaginar que alguien nos ataca con una pistola y atacamos este punto para que el agresor abra la mano y suelte la pistola... la rápida contracción del índice podría disparar el arma... Comprendéis que no se trata de un objetivo tan sencillo, ¿verdad?... Conocer los detalles nos ayuda a tomar las decisiones correctas. Así que mi consejo es que os aseguréis de que al estudiar estos objetivos aprendéis todas sus facetas.

Veamos ahora el punto denominado Pulmón 5 (marcado en la ilustración como L-5) que puede manipularse fácilmente de dos maneras otorgando mayor versatilidad al Arte que estudiéis. Responde a los golpes y a la presión y su mayor limitación es que está ubicado en una capa profunda del músculo, de forma que si el músculo es muy grande o muy denso, como el de alguien que trabaja con las manos, resultará muy complicado acceder al nervio. La contracción del puño no es tan importante porque el músculo en este área no se tensa tanto como en el otro lado del brazo, haciéndolo vulnerable. Los efectos son similares a los obtenidos con el Pulmón 6 (L-6), si bien la respuesta será ligeramente más lenta y el efecto en el brazo y en la mano será algo menor, aunque será más rápido en las piernas. Al presionarlo, el cuerpo registra el dolor y empiezan a debilitarse las piernas, primero la pierna contraria. Esto puede utilizarse eficazmente en las Manipulaciones de las Articulaciones *(Tuite),* en posiciones de grappling, en intervenciones de una tercera parte y con las personas de menor estatura.

Es preferible golpear este punto que presionarlo para lograr resultados mucho más espectaculares. Al golpearlo salvamos también algunas de las restricciones que impone, ya que podremos penetrar en las estructuras más gruesas del músculo más profundamente; si bien la masa y la densidad del músculo determinaran el efecto obtenido. Podemos conseguir efectos distintos variando la dirección del golpe. Si ejecutamos un golpe penetrante hacia la mano, del mismo modo que mencionamos en el Pulmón 6 (L-6), las piernas se debilitarán, aunque su reacción es ligeramente distinta. La pierna contraria se elevará por debajo del tronco descendiendo rápidamente como consecuencia del denominado reflejo del extensor cruzado, mientras la pierna del mismo lado se contrae y se colapsa. Una vez más se pone de manifiesto la importancia de conocer la reacción del cuerpo tras el ataque a los Puntos de Presión para planear nuestra estrategia y las opciones más convenientes, especialmente en situaciones de ataque múltiple.

Si dirigimos el golpe hacia el codo la reacción no será tan dramática, simplemente debilitaremos el codo y la pierna del mismo lado, lo cual llevará el peso del adversario hacia abajo, restringiendo la movilidad de las piernas y debilitando la base. Al girar, la cabeza del adversario se inclinará hacia delante, hacia nosotros, descubriéndonos más objetivos por si fuera necesario aumentar la fuerza y el control.

Los ataques a este punto admiten tantas variantes como os que-
pan en vuestra imaginación, es accesible en grappling, en golpeo,
e incluso en los ataques con armas. Para empezar os sugiero que
trabajéis los golpes mientras vuestro compañero de entrenamiento
os lanza un golpe de gancho. Una postura tipo boxeo con mucha
agilidad de pies para practicar un ejercicio ofensivo, donde a medida que os lanzan cada puñetazo debéis defenderos con un golpe
en cualquiera de estos puntos. Variar los golpes hasta que apren-
dáis a acceder a los puntos fácilmente, después trabajar el ataque
y la defensa. De este modo adquiriréis precisión, ángulo, distancia;
practicar también el trabajo de pies y la posición del cuerpo.
A medida que aumenta vuestra habilidad y confianza, también lo hará
la velocidad del ejercicio y la variación de los ángulos del ataque.
Un entrenamiento duro os hará sentiros menos cómodos; aún así,
de vez en cuando, debéis incrementar la intensidad al ataque para
observar los efectos durante vuestra sesión de entrenamiento.

Tras practicar ejercicios de golpeo, practicar ejercicios con agarres,
más accesibles porque el brazo es menos móvil, pero más difíciles de
llevar a cabo ya que nuestro cuerpo es capaz de soportar mayor
intensidad en la agresión. Empezar lentamente, ir aumentando poco
a poco la velocidad y la intensidad del ataque del agresor para
conseguir mayor eficacia y rendimiento.

Otro nivel es mezclar los agarres y los golpeos, donde el límite de
los ejercicios y el entrenamiento sólo podrá imponerlo la imaginación
de quien los practica.

Serie instruccional 3

Sobre el punto denominado Corazón 6 (H-6) se puede incidir de
tres formas distintas:

1. Al frotarlo se provoca un calambre que puede sentirse en los tres
últimos dedos de la mano, así como un ligero malestar, con lo cual su
aplicación se aleja del propósito marcial.

2. Cuando se presiona se produce un gran debilitamiento de los
músculos de la mano y del antebrazo (presionado lo suficiente se
puede debilitar todo el brazo y en algunos individuos incluso puede
afectarles a toda la parte lateral del cuerpo), permitiéndonos liberar un
agarre o manipular la muñeca o los dedos con una llave mucho más

sencilla. Por ejemplo, resulta muy difícil controlar un *Nikkyo* cuando el adversario aprieta el puño; pero si presionamos correctamente este punto, además de debilitar la mano, se debilitará la muñeca permitiéndonos aplicar una llave más eficaz y potencialmente más dañina. Ahora bien, si aprendéis a presionar el Corazón 6 (H-6) e incidir a la vez en el nervio radial a través del punto denominado Intestino Grueso 4 (LI-4), los efectos sobre todo el cuerpo serán más enérgicos todavía.

3. Al golpear el Corazón 6 (H-6), los efectos afectarán a la mano y al brazo: dolor agudo, reflejo de retracción, disfunción física, entumecimiento y disfunción continua, según la intensidad de la fuerza aplicada. La dificultad para golpear este punto radica en que hay que agarrar la mano contraria para evitar que el brazo se desplace con el golpe.

Recorriendo la cara anterior del brazo a lo largo del nervio cubital se encuentra un punto denominado Misceláneo - Extremidad Superior - 28 (M-UE-28) ubicado justo donde el músculo de la cara interna del antebrazo se une con el tendón. Siguiendo la terminología de la Acupuntura está localizado en el Meridiano del Corazón, aunque recibe un nombre distinto*. Resulta muy difícil conseguir resultados en este punto presionando o frotándolo, pero reacciona sumamente bien a un golpe. Los efectos provocados serán muy similares a los del Corazón 6, pero su intensidad será ligeramente menor ya que la cantidad de masa muscular y la estructura del tendón que le rodean amortiguan el golpe. Si lográis golpearlo con un nudillo, posiblemente la reacción sea mayor. Desde luego, golpeándolo con la palma de la mano o con el antebrazo los efectos se verán amortiguados en alguna medida.

Este término, al que denominamos M-UE-28 (Misceláneo - Extremidad Superior – Punto 28), fue hallado después de la formulación original, hace miles de años, del atlas anatómico de Acupuntura.

Siguiendo el recorrido del nervio hasta el punto denominado Corazón 3 (H-3), se facilita el acceso al objetivo; además de las beneficiosas aplicaciones para la salud que explicaremos más adelante. En un sentido marcial, este punto puede presionarse si nuestra mano es lo suficientemente grande y robusta como para poder penetrar en la estructura muscular densa y fuerte de esta zona. Sin embargo, al igual que los dos puntos anteriores, el mejor ataque a este punto es golpearlo para causar dolor y disfunciones corporales. El dolor no será tan agudo, pero provocaremos el efecto de retracción, alejando el brazo del punto de contacto y debilitándolo para una posterior manipulación o agresión a los puntos de las piernas, del tronco o de la cabeza. El efecto flexor o de retirada se consigue al atacar todos los puntos del nervio cubital, facilitando bastante la exposición de los nervios intercostales. Así no sólo conseguiremos un mejor acceso, sino que le debilitaremos y será más vulnerable.

El último punto que abordaremos del nervio cubital es el denominado Corazón 2 (H-2). Está ubicado entre los músculos del bíceps y del tríceps en la cara interna del brazo, justo después del codo. Probablemente sea el Punto de Presión más conocido y utilizado en los distintos estilos y Artes Marciales ya que es el de más fácil acceso. La separación del tejido muscular, la delgadez de la piel y la proximidad al hueso facilitan el ataque directo al nervio sin necesidad de tener que librar ningún obstáculo. Los efectos provocados son muy similares a cuando nos golpeamos el "hueso de la risa": calambre, dolor, disfunción, efecto de retracción, mareos, e incluso alteración de la conciencia y nauseas si el ataque es muy fuerte. Os sugiero que no practiquéis un fuerte ataque sobre este punto con vuestro compañero de entrenamiento para experimentar sus efectos, basta con un ligero golpe para comprobar su potencial. El golpe ha de ejecutarse pinchando el nervio contra el hueso, del mismo modo que presionaríamos para manipular el brazo o el cuerpo.

Practicando tácticas de golpeo, grappling y control se facilcita el acceso a todos estos puntos. Como todos los puntos del brazo, éstos se adaptan muy bien a las posturas adoptadas por los miembros de las Fuerzas de Seguridad y les serán de gran ayuda, sobre todo, con agresores de mayor envergadura que ellos. Aunque muchos estilos marciales ya incorporan algunas de estas técnicas, es el conocimiento de las reacciones corporales, el aprendizaje de los métodos de activación y control, junto a las sesiones prácticas realistas, lo que les proporcionará mayor efectividad en situaciones reales.

Como hemos comentado, el Corazón 3 (H-3) tiene muchas implicaciones en cuestiones relacionadas con la salud que no vamos a pasar por alto. Este punto genera un efecto calmante en todo el cuerpo; de hecho, cualquier persona al sentir ansiedad o nerviosismo instintivamente cruzará los brazos, colocando las manos debajo de este punto para calmarse. Es más, si la ansiedad aumenta cerrará los puños para masajear mejor este punto con los nudillos. Es la manera que tiene la naturaleza de corregirse a sí misma.

También permite mejorar las erupciones cutáneas fruto de una reacción nerviosa ante un estímulo exterior; desde picores hasta desórdenes en la epidermis, desde granos hasta otras afecciones dermatológicas. Combinando el masaje de este punto con otros conseguimos relajar el sistema nervioso, reduciendo e incluso eliminando los síntomas; desde salpullidos (como los de la hiedra venenosa) a urticarias, hasta incluso la pérdida del cabello. Este punto permite aliviar los efectos del estrés nervioso y también el grave problema del insomnio. De manera que, conocer este punto y saber cómo masajearlo (a través de suaves y pequeños movimientos circulares hacia ambos lados durante unos minutos), os ayudará a vosotros mismos o vuestros seres queridos en la batalla constante de nuestro día a día y las múltiples sorpresas que nos depara.

Serie instruccional 4

Los Puntos Kyusho, conocidos también como Puntos de Presión, de la cara externa del brazo resultan de más difícil acceso que los de la cara interna. La razón es que la mayoría de los ataques siguen una trayectoria de fuera a dentro, o directa desde el agresor al practicante, de forma que alcanzar estos puntos en un ataque es mucho más complicado. Además entre los músculos y los tendones de la cara externa del brazo hay menos espacio, son más cortos y más densos que las estructuras de la cara interna. Ahora bien, con el entrenamiento y la aplicación de un método adecuado es posible aprender cómo atacarlos. Recurriremos a la ilustración y seguiremos la nomenclatura estándar de la Acupuntura para aprender el ángulo, la dirección y los método más adecuados para obtener los máximos resultados. Abordaremos los puntos más prácticos y eficaces para el combate y la defensa, aunque no son, ni mucho menos, los únicos puntos existentes en esta parte del brazo.

El punto denominado Triple Calentador 3 (en la imagen TW-3) está ubicado entre los huesos metacarpianos del dedo meñique y el anular, entre la primera serie de nudillos y la muñeca. Este punto es más accesible cuando los metacarpianos están extendidos, es decir, con la mano cerrada en puño. De este modo los huesos se separan facilitándonos el acceso al nervio que, al extenderse, será mucho más vulnerable. Para atacar esta ramificación nerviosa, el ángulo y la dirección más convenientes es dirigir el golpe hacia la muñeca, ya que así se comprime contra la estructura ósea de la mano. Los mejores resultados se consiguen frotando o golpeando este punto, sobre todo si arrastramos el golpe. No obstante, un golpe fuerte o un retorcimiento no provocarán la misma reacción que un movimiento más rápido. De hecho; cuanto más rápido se frote o se golpee, mayores serán los efectos. La mano perderá fuerza y se abrirá de golpe, el codo retrocederá y el cuerpo se arqueará hacia atrás según la cantidad de energía que seamos capaces de transferiral nervio.

Un ataque al punto denominado Intestino Delgado 5 (SI-5), ubicado al final del pliegue transverso en el lado cubital dorsal de la muñeca, resulta más eficaz si ejercemos un movimiento lento hacia arriba y hacia abajo del cúbito, estirando y presionando el nervio contra cualquiera de ambos lados del espacio existente entre la articulación que queda por encima. Como en el caso del Triple Calentador 3 (TW-3), se producirá el debilitamiento de la mano al abrirse ésta de golpe; si bien, la reacción será más lenta ya que la acción de frotamiento también lo es, con lo cual el estímulo enviado al sistema nervioso es menos urgente.

El acceso al Intestino Delgado 6 (SI-6) es mucho más difícil que en los dos anteriores, por lo que es más fácil utilizarlo en el grappling que en el golpeo. Lo primero que hemos de tener en cuenta es la colocación de la mano como arma, para ello el extremo del dedo o el nudillo ha de colocarse entre el cúbito y el músculo adyacente para pinchar el nervio contra el hueso, librando el tejido que lo amortigüe. A continuación hay que frotar o presionar el nervio en dirección a la mano para conseguir el mejor resultado. Una vez más la respuesta será más lenta, ya que el estímulo nervioso enviado también lo es. De nuevo los efectos generados serán el debilitamiento y la apertura de la mano, así como la retracción del codo.

En cualquier caso, estos tres primeros puntos son excelentes en ataques con agarre y no son muy adaptables al golpeo.

El punto denominado Triple Calentador 11 (TW-11), también llamado Golgi (más concretamente el Tendón Organo / Receptor Golgi) sólo responde al frotamiento. Es más, cuanto más rápido y más fuerte sea, mayor será la intensidad de los efectos provocados. De hecho, es uno de los puntos favoritos de los miembros de las Fuerzas de Seguridad, tanto por el control y las disfunciones que provoca, como por su versatilidad. Debe frotarse hacia arriba y hacia abajo del tendón para que sea eficaz y puede operar en dos direcciones. Al estirar el tendón con una superficie dura, como los nudillos por ejemplo, y frotar en dirección contraria, relajaremos completamente las estructuras de alrededor, siempre dependiendo de la energía que se aplique. Por ejemplo, si tenemos agarrada la muñeca del adversario y con los nudillos de la otra mano estiramos primero este punto hacia el hombro volviendo rápidamente sobre el tendón hacia la mano, el codo y los músculos de alrededor se relajarán completamente, seguidos del tronco y de las piernas. Esto hará caer a nuestros pies, de bruces a nuestro adversario; si aplicamos la fórmula contraria caerá más alejado de nosotros. Esta variante puede resultar útil en la defensa múltiple de personas a modo de escudo o barrera. Una consideración que hemos de tener siempre presente es que al doblar el codo con un ángulo superior a 90°, este punto comienza a retroceder y ya no es tan accesible ni tan vulnerable. Además hay que extremar la precaución con la fuerza aplicada ya que podemos provocar la hiperextensión del codo, un traumatismo, así como otras lesiones articulares e incluso de la columna vertebral con una acción demasiado rápida.

El Triple Calentador 12 (TW-12) está ubicado en la parte cóncava de la V formada por el tríceps y responde bien al golpeo. Causará la misma disfunción corporal que el punto anterior (TW-11), pero con los posibilidad añadida de provocar arritmia y/o alteración de los niveles de conciencia. Un dato interesante es que si se golpea bien, no se provoca una caída inmediata (como cabría esperar), sino que el cuerpo se eleva y se abre como si tratara de hacer el salto del cisne, con lo cual la caída es mucho más dura. Quienes están muy entrenados en el levantamiento de pesas son mucho más vulnerables ya que la contracción del tríceps estira el nervio, dejándolo mucho más expuesto. Es más, la propia experiencia demuestra que en este tipo de personas el ritmo cardíaco tiende a verse más afectado.

Otro dato interesante es que los más resistentes al frotamiento Golgi asociado con el Triple Calentador 11, son mucho más receptivos a este punto.

Centrándonos ahora en el nervio radial de la cara externa del brazo, en Acupuntura el Meridiano del Intestino Grueso, encontramos una serie de objetivos que afectan a la región abdominal baja, provocando además la apertura del cuerpo. Cuanta más energía se aplica en estos puntos más se estimula el intestino grueso, provocando diarrea incluso en una sesión de entrenamiento liviana.

El método de ataque de los puntos Intestino Grueso 3 y 4 (LI-3 y LI-4) y los efectos son tan similares que los trataremos al mismo tiempo. Ambos son Puntos de Presión, por lo que, para causar un mayor debilitamiento de los músculos de la mano y del antebrazo, hay que presionarlos contra el hueso. Una vez que la mano está abierta y relajada favorecen la manipulación de las articulaciones.

En el caso de que el puño esté cerrado, los nervios de la muñeca están protegidos por los músculos del antebrazo haciendo mucho más vulnerable nuestro siguiente objetivo.

El Intestino Grueso 5 (LI-5) está ubicado en el lado radial de la cresta dorsal de la muñeca, en la depresión formada por los tendones de los músculos extensores del pulgar. No sólo es un Punto de Presión, sino que también responde bien al frotamiento y todavía mejor a un golpe. El ángulo y la dirección para lograr los mejores resultados es hacia la mano, como en todos los puntos anteriores la mano se abrirá y se debilitará el músculo.

El ataque al Intestino Grueso 7 (LI-7) provocará entumecimiento y espasmos musculares en la mano y el antebrazo, siempre que se golpee el hueso radial en dirección a la mano del adversario. De nuevo, si el puño está cerrado para lanzar un golpe o realizar un agarre, el músculo del antebrazo se contraerá estirando el nervio, dejándolo más expuesto y haciéndolo, si cabe, más vulnerable. Este punto está ubicado entre los músculos extensor corto radial del carpo y el abductor largo del pulgar.

En cuanto al Intestino Grueso 10 (LI-10) ya nos hemos referido como un punto para sanar y herir, ya que no sólo afecta a los músculos del brazo, sino también a las estructuras internas del diafragma y del intestino grueso. En Kyusho lo utilizamos para erradicar problemas respiratorios leves, como el hipo o los espasmos del diafragma derivados de una agresión o de un estado nervioso agudo. A modo de ataque el efecto provocado es la inutilización temporal del brazo. Este punto se encuentra en la región exterior del antebrazo, entre los músculos radiales extensores del carpo y el supinador. Para acceder a él correctamente y causar una mayor disfunción en las estructuras internas hay que colocar el nudillo entre ambos músculos y golpear el nervio contra el hueso radial en dirección al codo. Si impactamos sobre él con un golpe directo hacia el brazo, intensificaremos el efecto sobre los músculos. Al golpear este punto además se puede provocar un calambre en el brazo similar al que sufrimos al golpearnos el "hueso de la risa".

Los ataques a los puntos Intestino Grueso 11 y 13 (LI-11 y LI-13) causan resultados similares con una ligera diferencia. El primero afecta más a los músculos; mientras que el segundo es más eficaz sobre los órganos internos, suele afectar al intestino grueso y provocar diarrea, por lo que recomendamos mucha cautela al practicar los ataques a este punto.

Por último, el Intestino Grueso 16 (LI-16) es un objetivo muy destructivo, que responde a un ataque relajando totalmente toda la estructura muscular del hombro haciendo de ésta la articulación más fácil de dislocar del cuerpo. Este punto está ubicado en la depresión formada entre el extremo acromial de la clavícula y la espina escapular. Para localizarlo más fácilmente hemos de tener en cuenta que si elevamos el brazo de forma paralela al suelo lo encontraremos encima del hombro, justo en la unión de la articulación del hombro con el humero. Presionando hacia abajo, directamente hacia el suelo, relajaremos completamente los músculos y los tendones del hombro, logrando que el hombro se salga de su sitio. Este punto también puede golpearse, siempre que el brazo esté elevado para que podamos acceder a él.

Serie instruccional 5

En la cabeza existe un gran número de objetivos potenciales entre los que se encuentran los estructurales, los vitales y los nerviosos. En Kyusho aprendemos a acceder a todos ellos, aunque los que causan mayores efectos y resultan más eficaces a nivel defensivo son los nervios de la cabeza. Al golpear objetivos estructurales como el arco cigomático o la articulación de la mandíbula podemos fracturar o dislocar estas estructuras, sin embargo sólo así no anularemos necesariamente el ataque. Del mismo modo, si afectamos al aparato circulatorio o al respiratorio, e incluso dirigimos un ataque a los ojos el resultado será la incapacitación; pero, aún así, no son los procesos más eficaces a nuestro alcance.

El ataque a los nervios de la cabeza es lo que provoca la incapacitación instantánea del adversario, sin causar daños. Estos nervios se localizan en el cuello, la cabeza y el rostro, si bien, sólo se puede acceder a ellos directamente para provocar la reacción del sistema nervioso causando la disfunción de ciertas zonas específicas. Y además, sólo se pueden atravesar las estructuras anatómicas protectoras naturales desde un ángulo de ataque determinado.

Con ayuda de la ilustración y siguiendo la nomenclatura estándar de la Acupuntura, aprenderemos el ángulo, la dirección y el método adecuados para optimizar los resultados de los ataques a cada punto en concreto. Abordaremos los puntos más prácticos y eficaces para el combate y la defensa, aunque no son, ni mucho menos, los únicos puntos existentes en la cabeza.

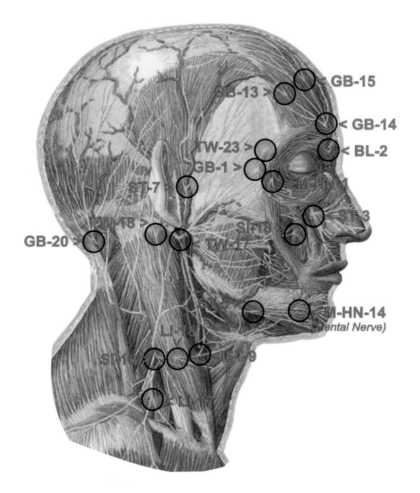

El punto denominado Intestino Grueso 17 (LI-17) está ubicado en la región hueca de la parte lateral del cuello, justo detrás del músculo esternocleidomastoideo donde se unen la cabeza del esternón y la cabeza de la clavícula. Para obtener la respuesta más eficaz, el ángulo y la dirección del ataque deben seguir una trayectoria hacia abajo y hacia el centro del pecho. Si presionamos este punto causemos dolor y debilitaremos los músculos del lado del cuerpo atacado; mientras que al golpearlo (según la potencia aplicada) los efectos provocados serán: relajación muscular completa y colapso.

El punto denominado Intestino Delgado 16 (SI-16) se localiza en la zona lateral del cuello, a la altura de la nuez, en el borde posterior del músculo esternocleidomastoideo. Para lograr el máximo efecto y la mayor disfunción lo mejor es golpear este punto, aunque también responde a la presión. El mejor ángulo de ataque es dirigir el golpe desde la parte trasera del músculo hacia la nuez, así se debilitarán todos los músculos del lado del cuerpo atacado haciendo perder el control a nuestro adversario, además de otros efectos como son los mareos y la alteración de la conciencia.

El Intestino Grueso 18 (LI-18) está situado en el centro del músculo esternocleidomastoideo a la altura del hueso hioides y de la nuez. Resulta más accesible y versátil si incidimos sobre él a través del espacio existente entre las fibras musculares. No sólo responde a la presión y al golpe, como los dos puntos anteriores, sino que se puede atacar además en tres direcciones obteniendo resultados diferentes. En caso de presionarlo lo más eficaz es incidir directamente hacia el músculo para provocar dolor y debilitamiento corporal. Sin embargo los resultados más espectaculares se consiguen golpeándolo, si bien los efectos variarán en función del ángulo de ataque. Un golpe dirigido hacia abajo y hacia el centro del pecho causará un colapso por falta de control funcional, similar al mencionado anteriormente en el punto del Intestino Grueso 17 (LI-17). Dirigiendo el golpe hacia arriba, formando un ángulo hacia el centro de la cabeza, todos los músculos se tensarán rápidamente y se producirá una alteración de la conciencia. Un golpe directo ejerciendo presión provocará dolor, debilitamiento muscular y alteración de la conciencia.

El punto denominado Estómago 9 (ST-9) se localiza a nivel del hueso hioides y de la nuez en el borde anterior del músculo esternocleidomastoideo. Es el punto más versátil de este grupo.

Al igual que en el punto del Intestino Grueso 18 (LI-18), se puede acceder a él de varios modos, presionando y golpeando como ya hemos visto y también frotando o estirándolo para causar efectos distintos en nuestro adversario. La presión directa sólo causará incomodidad, en ningún caso el grado de disfunción o alteración del control alcanzan niveles significativos. Ahora bien, al cambiar el ángulo, variarán también los resultados. Presionando hacia arriba y hacia dentro el cuerpo de nuestro adversario se tensa, elevándose, separándose de nosotros y perdiendo el control funcional del lado manipulado; mientras que si la presión la ejercemos hacia abajo, los músculos se relajarán completamente, provocando su caída. Si, además de la presión ejercida inicialmente frotamos el nervio, en cualquiera de las dos direcciones, intensificaremos ambas reacciones significativamente. Las reacciones y las posibilidades aumentan si incidimos sobre este punto con un golpe. Hacia arriba, formando un ángulo de 45°, además de elevar y tensar el lado atacado, causaremos dolor agudo en el brazo, incapacitándolo durante un período de tiempo que dependerá de la fuerza aplicada. Si lo golpeamos hacia abajo y hacia dentro del cuerpo provocaremos una caída incontrolada con pérdida del conocimiento, de la visión y del control funcional.

El punto de la Vesícula Biliar 20 (GB-20) se encuentra en la depresión formada entre los músculos esternocleidomastoideo y trapecio, en la parte posterior del cuello, dos dedos por debajo de la base del cráneo. Como mejor responde es a través de un golpe dirigido hacia arriba y hacia el centro del cráneo con un ángulo de 45°. Los efectos provocados son: pérdida de la función motora y distintos niveles de pérdida del conocimiento, según la fuerza aplicada.

El Triple Calentador 18 (TW-18) se localiza en el borde antero inferior de la apófisis mastoides y afecta a la ramificación del nervio auricular posterior. Al golpear este punto contra el cráneo provocaremos dolor agudo, pérdida del control funcional y alteración de la conciencia.

Otro punto sumamente versátil que responde al frotamiento, a la presión y al golpe causando graves daños o disfunciones es el Triple Calentador 17 (TW-17). Localizado en el centro de la línea que une el ángulo de la mandíbula y la apófisis mastoides, afecta al nervio facial respondiendo a cualquiera de los métodos de ataque mencionados provocando un dolor muy agudo. Cuando se presiona o se frota desde atrás hacia abajo y hacia la parte posterior de la articulación de la mandíbula, nuestro adversario caerá ante nosotros como consecuencia de la relajación y el debilitamiento muscular. Si ejercemos la presión hacia arriba y hacia la parte posterior de los ojos, provocaremos la reacción contraria, se decir, rigidez y elevación del cuerpo, junto a la contracción de los músculos implicados. Si presionamos o frotamos directamente desde atrás y hacia la nariz provocaremos los mismos efectos paralizadores del músculo en el lado atacado y el efecto flexor (acto reflejo de retirada) en el lado contrario. Al golpear este punto en cualquier dirección alteraremos el estado de la conciencia del adversario e idéntica disfunción que con la presión o el frotamiento, pero mucho más intensa.

El punto denominado Estómago 7 (ST-7) está ubicado delante del oído, justo en el borde inferior del arco cigomático, en la depresión anterior del cóndilo de la mandíbula. Este punto se localiza con la boca cerrada. Afecta al nervio facial y a las ramificaciones del nervio auriculotemporal y al presionarlo hacia abajo, en dirección a la apófisis del hueso provoca dolor y relaja los músculos del cuello. En caso de golpearlo hacia abajo en dirección al hueso, hacia dentro y hacia la garganta los efectos provocados son: mareos, pérdida de equilibrio, visión borrosa, nauseas y pérdida del conocimiento.

El punto del Estómago 5 (ST-5) está ubicado delante del ángulo de la mandíbula. Se trata de un punto doble al afectar a dos ramificaciones del nervio facial en la región mandibular. Aproximadamente en el mismo lugar, delante del músculo masetero (músculo masticador y elevador de la mandíbula, situado en la cara externa de la rama mandibular) se encuentran la raíz superior e inferior. Un golpe en la raíz superior dirigido hacia abajo formando un ángulo de 45° hacia el cuello, o bien en la raíz inferior hacia arriba y hacia el centro de la cabeza provoca la pérdida del control funcional, nauseas, alteraciones de la visión y pérdida del conocimiento. En el segundo caso, además del golpe, hay que realizar un retorcimiento para estirar la ramificación inferior del nervio y pincharlo contra el hueso.

El punto denominado Misceláneo de la Cabeza o del Cuello 14 (M-HN-14*) es otro objetivo especial que responde a los tres estímulos del ataque (golpe, frotamiento y presión). Está ubicado justo debajo de la comisura de la boca, entre el borde inferior de la dentadura y la base de la mandíbula. En el hueso maxilar inferior se encuentra el foramen mandibular (un orificio en el cuerpo de la mandíbula) por donde pasa el nervio mentoniano. Al atacar este punto hacia abajo y hacia el cuello provocaremos la disfunción de los músculos del cuello y del cuerpo, naúseas y el efecto flexor en la cabeza. Si intensificamos la fuerza y la velocidad en el ataque además provocaremos mareos, alteraciones de la visión y pérdida del conocimiento.

El Estómago 3 (ST-3) ubicado debajo de la pupila a la altura del borde inferior de las alas de la nariz afecta a una ramificación del nervio suborbitario que parte del agujero infraorbitario (situado debajo del borde inferior de la órbita, a unos 2 cm del ala de la nariz). Este punto como mejor responde es a través de un golpe hacia arriba y hacia fuera dirigido desde la nariz hacia el ojo, provocando la pérdida del control funcional del cuerpo, alteraciones de la visión y pérdida del conocimiento.

El punto denominado Misceláneo de la Cabeza o del Cuello 1 (M-HN-1*) afecta a una ramificación temporal del nervio facial que parte del agujero cigomáticofacial (orificio externo del conducto malar, a la altura del pómulo) por donde pasa el nervio timpanomalar. El mejor modo de golpear este punto es hacia abajo y hacia la garganta para provocar la pérdida del control funcional del cuerpo, alteraciones de la visión y pérdida del conocimiento.

El punto denominado Misceláneo de la Cabeza o del Cuello fue hallado después de la localización y formulación original del resto de los Puntos de Acupuntura sobre la estatua del hombre de bronce hace más de tres mil años.

L-1 >○   ○< ST-11

ST-15 >○

ST-17 >○

LV-14 >○   ○< CV-14

○< CV-12

GB-24 >○

SP-15 >○

○< CV-5

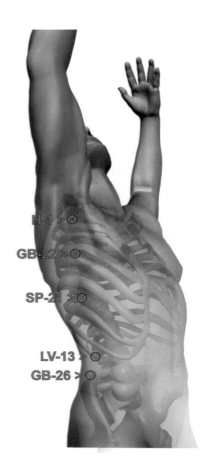

H-1 >○

GB-22 >○

SP-21 >○

LV-13 > ○

GB-26 > ○

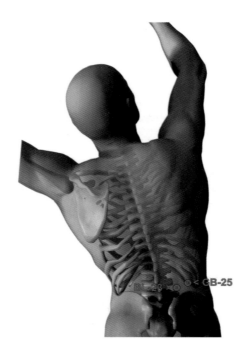

BL-23 >○ ○< GB-25

El punto de la Vesícula Biliar 1 (GB-1) se localiza en la parte lateral del ángulo externo del ojo tras la elevación donde empieza la región de la fosa temporal y afecta a una ramificación del nervio cigomático. Frotando este punto rápidamente en dirección al ojo el efecto flexor provocado será prácticamente instantáneo y se aflojarán los múscu-los del cuello. Sin embargo, si lo golpeamos en la misma dirección los efectos serán más devastadores: pérdida del control funcional, alteraciones de la visión y pérdida del conocimiento.

El Triple Calentador 23 (TW-23) está ubicado en la depresión del ángulo externo de la ceja, detrás de la elevación de la fosa temporal y afecta a una parte de la ramificación del nervio facial. Un golpe dirigido desde atrás hacia delante, hacia abajo y hacia el ojo provocará la pér-dida del control, alteraciones de la visión y pérdida del conocimiento.

En el Meridiano de la Vejiga Urinaria localizamos el punto de la Vejiga 2 (marcado como BL-2 en la ilustración) en el agujero supraor-bital donde empieza la ceja. Este punto afecta a una ramificación del nervio supratroclear. El modo más eficaz de golpear este punto es hacia arriba, debajo de la estructura de la ceja, pinzando el nervio contra el cráneo para provocar la pérdida del control, alteraciones de la visión y pérdida del conocimiento.

Los puntos de la Vesícula Biliar 13,14 y 15, (GB-13,14 y 15) los estudiaremos como un único objetivo al que denominamos conjunto de la vesícula biliar, ya que por sí solos no provocan efectos signifi-cativos, más allá de un ligero shock que apenas dura un segundo. Como cabe imaginar, se trata de un objetivo de muy difícil acceso por la separación existente entre los tres puntos, ubicados sobre el ner-vio supraorbitario. Insistimos que para conseguir los mejores resulta-dos han golpearse los tres puntos a la vez, ejerciendo además un retorcimiento sobre ellos; sólo así resultan eficaces en situaciones de combate o defensivas. El mejor modo de acceder a estos puntos es golpearlos con la palma de la mano abierta hacia abajo y hacia el cen-tro de la cabeza, ejerciendo el retorcimiento hacia fuera. Los efectos provocados van desde nauseas y parálisis de los miembros hasta la pérdida del conocimiento en distintos grados.

Serie instruccional 6

En el cuerpo existe un gran número de objetivos viables que afectan al sistema nervioso provocando la pérdida del control muscular, además de actos reflejos y alteraciones de las funciones normales de nuestro organismo. Generalmente en una situación de combate al dirigir nuestros ataques a las estructuras corporales externas los resultados obtenidos dependen de la masa, la fuerza y el estado físico, pero si atacamos al interior, afectando al sistema nervioso, estas limitaciones dejan de tener relevancia. Como todos los nervios se encuentran entre la estructura óseo-muscular, los tendones y los ligamentos, encontraremos muchas vías para acceder a ellos afectando al sistema nervioso (el rector y coordinador de todas las funciones corporales, conscientes e inconscientes).

Con ayuda de las ilustraciones y siguiendo la nomenclatura estándar de la Acupuntura, aprenderemos el ángulo, la dirección y el método adecuados para acceder a estos objetivos, con la seguridad de estar atacando el interior de nuestro organismo, allí donde, hasta las personas más grandes y robustas, están desprotegidas. Como ya hemos mencionado en otras ocasiones, abordaremos los puntos más prácticos y eficaces para el combate y la defensa, aunque no son, ni mucho menos, los únicos puntos existentes en nuestro cuerpo. Concretamente nos referiremos a los puntos ubicados en la cara anterior, el lateral y la cara posterior del cuerpo (en la serie instruccional 6) y los que se localizan en las extremidades inferiores (serie instruccional 7).

Cara anterior del cuerpo

El punto denominado Pulmón 1 (L-1), ubicado en la parte lateral de la línea media del pecho, en el primer espacio intercostal y aproximadamente a dos dedos de la clavícula, responde bien al golpeo. Si dirigimos el golpe hacia abajo y en ángulo hacia la parte superior del pulmón provocaremos dificultades respiratorias, pérdida del control de la parte inferior del cuerpo y en algunos casos, mareos.

El punto del Estómago15 (ST-15) se localiza en la parte lateral de la línea media del esternón, entre la clavícula y el pezón en el tercer espacio intercostal. Golpeándolo, hacia abajo y hacia dentro, alteraremos la función pulmonar dificultando la respiración y provocando desde la pérdida del control muscular de la parte inferior del cuerpo hasta espasmos en el corazón y del diafragma.

El punto denominado Estómago 17 (ST-17) se encuentra en el pezón en el 5° espacio intercostal y es un punto muy peligroso. Un golpe directo provocará espasmos en el pulmón, el diafragma y el corazón, además de dificultades respiratorias, pérdida del control de la parte inferior del cuerpo y, en algunos casos, mareos.

El punto del Hígado 14 (LV-14) se encuentra inmediatamente por debajo del pezón, en el 6° espacio intercostal. Si lo golpeamos desde el eje central del tronco hacia fuera con un ángulo de 45° provocaremos fuertes calambres, pérdida del control de los músculos inferiores del cuerpo, nauseas, espasmos del diafragma y mareos.

El punto de la Vesícula Biliar 24 (GB-24) está situado debajo del pezón, en el 7° espacio intercostal. Este punto responde al golpeo y al frotamiento, pero siempre dirigidos hacia abajo y hacia el cuerpo con un ángulo de 45°. Los efectos provocados son: fuertes calambres, pérdida del control de los músculos inferiores del cuerpo, náuseas, espasmos del diafragma y mareos.

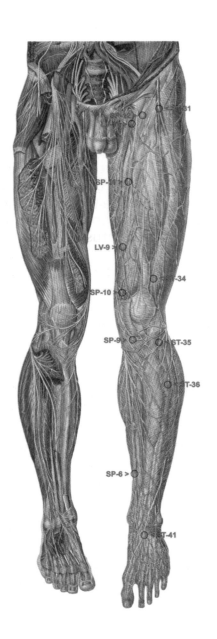

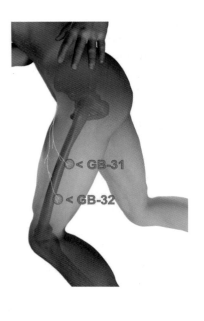

El punto del Bazo 15 (SP-15) se localiza a la altura del ombligo en la parte lateral de la línea media abdominal, entre los músculos abdominales transverso y el oblicuo externo. Este punto ha de golpearse hacia arriba y hacia el estómago, produciendo así fuertes calambres, pérdida del control de los músculos inferiores del cuerpo, nauseas, espasmos del diafragma y mareos.

El punto del Estómago 11 (ST-11) se encuentra en el borde superior de la clavícula, entre la cabeza esternal y clavicular del músculo esternocleidomastoideo. Responde a la presión ejercida en la parte posterior del hueso y hacia abajo, causando dolor agudo, pérdida del control muscular, nauseas y previsiblemente mareos.

El punto del Vaso Concepción 14 (CV-14) se le conoce normalmente como Plexo Solar y se encuentra en el eje central del cuerpo, debajo del esternón y la apófisis xifoides. Un golpe hacia abajo y hacia dentro con un ángulo de 45° en dirección al estómago provoca fuertes calambres, pérdida del control de los músculos inferiores del cuerpo, espasmos del diafragma, vómitos y/o nauseas.

Idénticos efectos se producen al golpear del mismo modo el punto del Vaso Concepción 12 (CV-12), ubicado dos dedos por debajo del esternón sobre el eje central del abdomen.

El lateral y la cara posterior del cuerpo

Los puntos Corazón 1 (H-1), localizado en el centro de la axila, justo en el punto donde se nota el pulso de la arteria axilar; Vesícula Biliar 22 (GB-22), por debajo de la línea media axilar, en el 4° espacio intercostal y Bazo 21 (SP-21) por debajo del anterior en el 6° espacio intercostal, afectan a las ramificaciones laterales del nervio torácico (T, T3 y T5 respectivamente). Un golpe directo sobre cualquiera de ellos provocará espasmos en el corazón, los pulmones, el diafragma, los músculos laterales y el dorsal ancho, así como el efecto flexor (acto reflejo de retirada), dolor agudo, dificultades respiratorias y mareos.

El punto del Hígado 13 (LV-13) se encuentra en el extremo libre de la 11ª costilla y afecta a una ramificación del nervio intercostal torácico (T11). Si golpeamos este punto desde el extremo de la costilla directamente hacia la espalda podemos provocar desde dolor agudo, pérdida de control muscular y mareos hasta la fractura de la costilla, la perforación del riñón y una hemorragia interna.

El punto de la Vesícula Biliar 26 (GB-26) está ubicado debajo del extremo libre de la 11ª costilla, a la altura del ombligo y de la cresta ilíaca. Este punto afecta a una ramificación del nervio iliohipogástrico (abdominogenital) y responde al golpeo o a la presión. En ambos casos hay que golpear o presionar el nervio contra el hueso para provocar dolor agudo, parálisis y disfunción del miembro inferior del lado atacado. Algunas personas también podrán sentir mareos.

El punto de la Vesícula Biliar 25 (GB-25) localizado en el extremo libre de la 12ª costilla, afecta a una ramificación del nervio intercostal. Un golpe con un ángulo de 45° hacia el riñón puede provocar desde dolor agudo, pérdida del control muscular y mareos, hasta la rotura de la costilla, la perforación del riñón y una hemorragia interna.

El punto del Meridiano de la Vejiga Urinaria 23 (marcado en la ilustración como BL-23) se encuentra en la parte lateral del borde inferior de la apófisis espinosa de la 2ª vértebra lumbar. Un golpe hacia abajo con un ángulo de 45° en dirección a los genitales puede producir dolor agudo, pérdida de control muscular y mareos.

Serie instruccional 7

El punto denominado Estómago 31 (ST-31) se localiza directamente por debajo de la espina ilíaca antero superior, a la altura del borde inferior del pubis, entre el fémur y el músculo pectíneo. Golpeando este punto hacia abajo con un ángulo de 45° hacia la espalda se causará dolor y pérdida del control muscular en la pierna atacada.

El Estómago 34 (ST-34) se encuentra en la línea que une la espina ilíaca antero superior y el borde lateral del *ilium,* por encima de la rodilla entre los músculos recto femoral y vasto externo y afecta a una ramificación del nervio cutáneo femoral lateral. Golpeando este punto hacia abajo, a través de la rodilla con un ángulo de 45°, los músculos y los tendones se paralizarán temporalmente, además de provocar un debilitamiento general de los músculos del lado atacado e incluso la sobreextensión de la rodilla.

Para acceder al punto denominado Estómago 35 (ST-35) hay que flexionar la rodilla y lo localizaremos en el extremo inferior del tendón patella, en la depresión lateral del ligamento rotuliano. Golpeando este punto hacia arriba y a través de la rodilla con un ángulo de 45°, los efectos provocados serán idénticos a los descritos en el punto anterior.

El Estómago 41 (ST-41) está situado a la altura del maleolo externo, entre los dos tendones del dorso del pie y afecta a los nervios peroneos superficial y profundo. Un golpe directo hacia la articulación del tobillo puede producir la pérdida del control muscular de la pierna manipulada, nauseas y mareos.

El punto denominado Bazo 6 (SP-6), ubicado por encima de la prominencia del maleolo interno, entre el borde posterior de la tibia y el músculo sóleo, afecta una ramificación del nervio safeno externo. Responde a los tres estímulos del ataque (golpe, presión o frotamiento), siempre que forcemos el nervio contra la parte posterior de la tibia. En todos los casos los efectos provocados serán nauseas, parálisis y mareos. Si además el ataque lo dirigimos ligeramente hacia arriba, los músculos laterales de la pierna se contraerán llevando la pierna hacia fuera y hacia arriba. Con un golpe directo hacia el hueso o hacia abajo se perderá el control de todos los músculos de la pierna, colapsándola.

Los puntos Bazo 9 (SP-9), localizado en la depresión del borde inferior del cóndilo interno de la tibia (afecta a la ramificación del nervio safeno) y Bazo 10 (SP-10), ubicado encima del epicóndilo interno del fémur en la prominencia del músculo vasto interno (se localiza mejor tensando el muslo y afecta a la ramificación cutáneo anterior del nervio femoral), han de golpearse con un ángulo de 45° y a través de la rodilla para causar la parálisis temporal de todos los músculos de la pierna y la sobreextensión de la rodilla. Además otros efectos provocados serán: el debilitamiento de los músculos del lado manipulado, nauseas y mareos.

El Hígado 9 (LV-9) se localiza entre los músculos vasto interno y sartorio y afecta a una ramificación del nervio femoral cutáneo anterior. Presionando o golpeando este punto directamente hacia el fémur, se producirá la disfunción de los músculos de la pierna, nauseas, sudor frío y alteración de la conciencia.

Los puntos Hígado 12 (LV-12) y Bazo 12 (SP-12) se encuentran en el pliegue inguinal y afectan a unas ramificaciones del nervio genito-femoral. Golpeando estos puntos hacia abajo y con un ángulo de 45° hacia el fémur se producirá disfunción de los músculos de la pierna, la parte baja de la espalda y los abdominales, además de dolor agudo, nauseas y mareos.

El punto de la Vesícula Biliar 31 (GB-31) está situado en la línea media de la cara lateral del muslo, en el músculo vasto lateral por debajo del músculo tensor de la fascia lata. Si nos colocamos de pie con los brazos extendidos a los lados, el punto se encuentra justo donde toca el extremo del dedo pulgar. Este punto afecta a una ramificación del nervio cutáneo femoral lateral y ha de golpearse hacia el fémur con un ángulo de 45° desde la parte trasera hacia la parte frontal del muslo. Los efectos provocados serán: dolor agudo, parálisis de la pierna, debilitamiento de las extremidades inferiores y mareos.

Los mismos efectos se producirán al golpear del mismo modo el punto de la Vesícula Biliar 32 (GB-32) ubicado en la línea media de la parte lateral del muslo, a una cuarta aproximadamente de la rodilla.

Indice